本刊获叶澄海研究基金资助

《中国政治学》
CHINESE POLITICAL SCIENCE

学术委员会：（以姓氏笔画为序）

马　骏（中山大学）	马得勇（中国人民大学）	王绍光（清华大学）
王浦劬（北京大学）	王续添（中国人民大学）	王英津（中国人民大学）
方长平（中国人民大学）	贝淡宁（山东大学）	朱光磊（南开大学）
朱云汉（台湾大学）	刘小枫（中国人民大学）	刘学军（中共中央党校）
任剑涛（清华大学）	苏长和（复旦大学）	杨大利（芝加哥大学）
杨光斌（中国人民大学）	杨念群（中国人民大学）	杨　阳（中国政法大学）
杨雪冬（中央编译局）	肖　滨（中山大学）	时殷弘（中国人民大学）
时和兴（国家行政学院）	汪　晖（清华大学）	宋新宁（中国人民大学）
佟德志（天津师范大学）	张凤阳（南京大学）	张小劲（清华大学）
张广生（中国人民大学）	张贤明（吉林大学）	陈　岳（中国人民大学）
陈明明（复旦大学）	陈新明（中国人民大学）	林　红（中国人民大学）
郁建兴（浙江大学）	金灿荣（中国人民大学）	周光辉（吉林大学）
周淑真（中国人民大学）	房　宁（中国社会科学院）	赵鼎新（芝加哥大学）
徐　勇（华中师范大学）	唐士其（北京大学）	黄大慧（中国人民大学）
黄嘉树（中国人民大学）	景跃进（清华大学）	蒲国良（中国人民大学）
潘　维（北京大学）		

主　　　编：任　锋
副 主 编：林　红　吕　杰　欧树军　黄　晨
编辑部主任：何家丞

图书在版编目(CIP)数据

中国政治学.2023年.第四辑:总第二十辑／中国人民大学国际关系学院主办.—北京:中国社会科学出版社,2023.12

ISBN 978-7-5227-2911-4

Ⅰ.①中⋯ Ⅱ.①中⋯ Ⅲ.①政治学—研究—中国—丛刊 Ⅳ.①D6-55

中国国家版本馆CIP数据核字(2023)第242622号

出 版 人	赵剑英
责任编辑	王 琪
责任校对	杜若普
责任印制	王 超

出 版	中国社会科学出版社
社 址	北京鼓楼西大街甲158号
邮 编	100720
网 址	http://www.csspw.cn
发 行 部	010-84083685
门 市 部	010-84029450
经 销	新华书店及其他书店
印 刷	北京明恒达印务有限公司
装 订	廊坊市广阳区广增装订厂
版 次	2023年12月第1版
印 次	2023年12月第1次印刷
开 本	787×1092 1/16
印 张	11
插 页	2
字 数	192千字
定 价	56.00元

凡购买中国社会科学出版社图书,如有质量问题请与本社营销中心联系调换
电话:010-84083683
版权所有 侵权必究

目　录

历史政治学

立国根本规模与政教相维机制
　　——吕祖谦《左传》学的历史政治学透视 …………… 闫　云（3）
原型和奠基：古代中国和两波世界性官僚化浪潮
　　——官僚制起源与世界传播的历史政治学考察………… 黄　涛（37）

中国政治

制度传统如何形塑国家？
　　——基于家户制和村社制的比较分析………… 黄振华　王美娜（75）
超越官僚制：中国"干部制"的理论渊源与功能 ……… 任昊晨　马振昊（95）

政治学理论

王道世界主义
　　——对西方世界主义思想的继承与批判………… 王金良　叶文杰（119）
梁启超的"新帝国主义"理论及其中国史叙事 ……………… 李　健（140）

Abstracts ……………………………………………………………（163）

Catalog

Historical Politics

The Fundamental Scale of Establishing a Country and the Mechanism of
  Maintaining Politics and Indoctrination—The Historical Political
  Perspective of Lv Zuqian's Study of *Zuo Zhuan* ················· Yan Yun (3)
Prototype and Foundation: Ancient China and Two Waves of Worldwide
  Bureaucratization—A Historical and Political Study on the Origins of
  Bureaucracy and World Communications ···················· Huang Tao (37)

Chinese Politics

How Do Institutional Traditions Shape the State?
  —A Comparative Analysis Based on the Household System and the
    Village Commune System ················ Huang Zhenhua; Wang Meina (75)
Beyond Bureaucracy: China's Cadre System and Its Theoretical
  Implications ···················· Ren Haochen; Ma Zhenhao (95)

Political Theory

The Cosmopolitanism of "Wangdao"
  —Inheritance and Critique of Western Cosmopolitanism
    ···················· Wang Jinliang; Ye Wenjie (119)

Catalog

Liang Qichao's Theory of "New Imperialism" and Its Narrative of
　　Chinese History ·· Li Jian （140）

Abstracts ··· （163）

历史政治学

立国根本规模与政教相维机制
——吕祖谦《左传》学的历史政治学透视*

闫　云**

[内容提要]　在儒家经典中，《左传》记载着春秋时期的典章制度和政治经验，因此对其研究采取一种历史政治学视角成为可能。南宋浙东学者吕祖谦所著的《左传》三书，深刻统合了理学家和经制事功学家的治体论，以华夏政治体的立国源流与治体代兴的视野，通过对春秋历史政治经验的提炼和省视，建立了以立国根本规模和政教相维机制为核心的治体论体系。具体而言，是以天理良心为政治体和政治家的端本正始之道，以立国的根本规模、纪纲制度为主要治法要素，以政治中心的制度安排和社会维度的风俗教化为内外相维的秩序机制，共同形成理想政治的秩序模式及其运作逻辑。吕祖谦基于经史之学而阐发的治体论，疏通了三代、春秋时期和宋代的文明传统与政治经验，表彰了儒家"祖述尧舜，宪章文武"的经制统绪，代表了宋学中"体用该贯"的整全性儒学视野，由此可见其政治思想具有"深切著明"的实践品格和历史底色。

[关键词]　立国规模　政教相维　治体论　吕祖谦　《左传》学

一　引言

在中国古代经史之学和国家治理传统中，有关立国根本、宪章规模、经制成法、百代通典的探讨，成为理解中国传统政治思想的重要资源。其中，宋儒对立国规模、政教机制的溯源和建构，形成了治体论的核心话语。他们倡导在国家治

---

*　本文系国家社会科学基金青年项目"宋代《春秋》学研究"（项目编号：20CZX029）的阶段性成果。
**　闫云，重庆大学哲学系副教授。

理过程中要有"国本"的自觉而先定"规模"。例如，南宋吕祖俭曾经奏称，"本朝立国之规模"不在于强大威力、权谋术数，而在于君子的"议论气节"能够培根本、支变故。① 特别是在南宋浙东学派政治思想中，以立国之道、根本规模、祖宗成宪为核心的治体论建构，有着深刻而精密的理论自觉，非传统事功学所能概括。其中，吕祖谦的政治思想特别能体现这种溯源立国根本、构造宪章规模的治体论视野。在他的政治思想中，治体作为一代立国的宪章大法和秩序基源，能够奠定国家的根本治道原理和宏观秩序架构。他将周代惇厚、宽大、温裕的治体当作历史政治中理想政教模式的典范，② 同时追溯宋代立国的根本规模和政教文明传统，对"以宽大忠厚建立规模，以礼逊节义成就风俗"的治体有着高度自觉，并由此倡导增益和振起治体之未备而爱护扶持宋代立国之本。③ 他认为，只专注于事功而不知道守护和夯实立国传统中宽大忠厚、礼逊节义的根本政治成宪，无法使得国家根基牢固而天命久远。

近年以来，学界以历史政治学视域研究中国传统政治思想，倡导考察华夏政治体的立国源流而发掘其中的政治智慧。这种历史政治学视野以及治体论关切，能够很好地反映中国传统政治思想的理论特质。在对南宋政治思想的研究中，任锋指出南宋浙东立国思想家群体，以宋代立国的政教传统和治体架构为视野，"由思考秩序精义而聚焦治体法度，以经世实践精神而维系其经制事功理想"，注重追溯和体认宋代立国精神和建构其政教秩序的结构模式。④ 他们着眼于宋代立国规模、立国根本而思考"国家根本宪制的构造及其演进特征"，将传统的变法、立国、保守都"置于文明秩序的宪制传统中加以审视检讨"。⑤ 这种基于经制传统来重构宪制架构和秩序根基的努力，形成了南宋浙东经制事功学派的治体论。吕祖谦作为其中的典型代表，其治体论具有德性规范与体制法度内外相维的二重性理论结构，⑥ 所蕴含的制度主义思路指示出近世儒家法

---

① 吕祖俭：《议论气节足以培根本支变故奏》，载曾枣庄、刘琳主编《全宋文》第282册，上海辞书出版社2006年版，第239页。
② 吕祖谦：《东莱书说》卷二十三，《吕祖谦全集》第7册，浙江古籍出版社2017年版，第303页。
③ 吕祖谦：《东莱吕太史文集》卷三《淳熙四年轮对劄子二首》，《吕祖谦全集》第1册，浙江古籍出版社2017年版，第50—51页。
④ 任锋：《南宋浙东学派的经世哲学》，载彭永捷主编《中国政治哲学史》（第2卷），中国人民大学出版社2017年版，第334—335页。
⑤ 任锋：《立国思想家与治体代兴》，中国社会科学出版社2019年版，第254、256页。
⑥ 任锋：《立国思想家与治体代兴》，中国社会科学出版社2019年版，第284页。

度化的趋向。①

实际上，能够"陶铸同类以渐化其偏"②的吕祖谦，统合了南宋诸儒之学而表之于政治思想。蒙文通先生曾经指出南宋学术中制度之学的地位和意义，认为南渡之学"一发枢机，系于吕氏"，肯定了吕祖谦集诸儒之成、将经史之学表之于制度的成就。③在吕祖谦政治思想建构中，他以儒家经制传统的历史演进和当代际遇为视野，思考理想政治文明体应该具有的立国精神与根本宪制、政教模式及运作机制，提炼出有关立国的规模、根本、体势等治体论的理论话语。他的这种政治思想建构并不是为了南宋一代之中兴目标而发，而是既有着回溯宋代立国深层根基而审视根本秩序结构的宏阔视野，也强调作为理想的政治体应该有的宪制理念和政教机制，是对自三代以降的中国政治传统和历史经验的深刻总结和提炼。吕祖谦重视经史典籍中蕴含的宪章规模、王道大法、百代通典。作为体现周秦之变间政治经验的重要典籍，《左传》为他的思考提供了纵向的历史视野，因而其《左传》学研究也具有浓厚的历史政治学理论旨趣。他的《左传》学三书④以作为治体核心要素的"立国规模"为视野，对理想政治体的根本宪章和政教模式进行系统构造，并提炼出中心治法架构与外围风俗教化内外相维系的秩序机制。吕祖谦《左传》学的此种学术创新鲜有表彰，目前学界仅从经学诠释⑤、王霸之辨⑥等角度展开论述。鉴于此，本文就其《左传》学研究而揭示他对宋代立国规模和政教系统的构造，以表彰他对中国传统政治思想和经史之学的理论贡献。

---

① 任锋：《秩序、历史与实践：吕祖谦的政治哲学》，《原道》2011年第1期。
② 黄宗羲原著、全祖望补修：《宋元学案·东莱学案》，中华书局1986年版，第1652页。
③ 蒙文通：《中国史学史》，《蒙文通全集》第2册，巴蜀书社2015年版，第409页。
④ 吕祖谦《左传》学著作有《左氏博议》《左氏传说》和《左氏传续说》。今传《春秋集解》，有学者认为非吕祖谦所著，参见黄觉弘《今传〈春秋集解〉作者非吕祖谦考辨》，《中国典籍与文化》2010年第1期；同时，也有学者认为作者是吕祖谦而非吕本中，参见李解民《〈春秋集解〉附录·〈春秋集解〉为吕祖谦考》，《吕祖谦全集》第13册，浙江古籍出版社2017年版，第839—860页。
⑤ 姜海军：《吕祖谦的经学传承、诠释方法与思想探析》，《宋史研究论丛》2017年第2期；《宋代经学诠释与思想演进》，社会科学文献出版社2018年版，第269页。
⑥ 黄灵庚：《吕祖谦〈左传〉学述要》，载方铭主编《〈春秋〉三传与经学文化》，长春出版社2009年版，第368页；孙旭红：《吕祖谦〈左传〉学中的王霸之辨》，《江汉大学学报》（人文科学版）2010年第2期。

二 理势时几：历史中的政治正当性

吕祖谦对历史和政治的看法秉持理学家的天理世界观。他的宇宙论和本体论，同时吸取了朱熹理学和陆九渊心论的思想，因此，他对天道的理解具有心理合一的理论特质。基于此，他能够洞察历史本源，深刻追问政治制度和治理经验的天道原理和正当性，以及理想政治秩序所依赖的根本道义原则。作为公道公法的天理是宇宙也是政治的最高法则和正当性来源，统御人类社会一切道德规范和礼乐刑政制度。基于此种认识，他从经史典籍传统所累积的政治文明经验中阐发历史政治哲学。其《左传》三书由《春秋》和《左传》的记事，窥探礼崩乐坏的幽暗历史中人心、制度、风俗之变迁大势，洞察历史转移时刻中关键政治人物的心术之情伪和邪正，通过重要政治事件理解其背后所蕴含的天理道义和客观情势。由此，他发掘历史政治背后的几微、情伪、正邪之微妙幽显，而洞察名实、强弱、本末、始终之离合变迁，并且在具体的秩序演变中讨论和辨析义利、公私、善恶、王霸等议题。同时，他在历史中不同的理势情形下，能够洞彻和发掘作为根本治道根基的天理和良心，使之体现和渗透在立国的根本与规模、纪纲与制度、风俗与教化之中。不仅如此，吕祖谦还追溯和探寻政治体所体现的立国源流和治体本末，倡导厚植立国规模、涵养治体根基、化成人文风俗的国家治理路径。他表彰历史政治中所形成的立国家法的宪章统绪，反复推见至隐发掘政治家在治国中的心术，基于此阐发治人主体的规模和气象，并且强调治心养气的修养功夫和德性政治的实现途径。这些，都体现出迥异于理学家的对春秋历史所持的"尊王黜霸""改制立法"等经学义理叙事。

吕祖谦在《左传》阐释中发明《六经》天理大义并窥探历史政治哲学，不是教条地对待经典而是主张以"理"视经，在历史的生机中体验和发现鲜活的天理。他基于一种实践本位的历史政治观，通过发掘文明传统中的经制宪章统绪，在历史经验中提炼出稳健的政治智慧，从而审视和反思华夏立国的治体规模及其精神特质，如此，打开了经典背后经制大法、文明宪度的理论面向。所以，其《左传》研究通过不断累积的历史政治经验，提炼出政治文明体所赖以延续的治道原理和宪章成法。在他的经史叙事中，宇宙运动本是"造化一机，坏冶一陶，阴翕阳张，万形并赋"①，天理作为宇宙根本法则周流于天地而不可磨灭。"理之在天下，犹元气之在万物"②，"天理常在人欲中，未尝须臾离也"③，体现于具体事物、治理实践和政治制度之中。"天理洞然，本无不烛"④，"此机此理，随遇而发"⑤，"遇亲则为孝，遇君则为忠，遇兄弟则为友，遇朋友则为义，遇宗庙则为敬，遇军旅则为肃"⑥，蕴含在"若礼乐，若法度，若征伐，若巡狩，若历试，若揖逊"⑦之中。基于此，吕祖谦从天理的高度臧否政治家，发掘他们内心的情伪和检讨治国之得失。例如，他论宋襄公的仁与暴虽不同但都可用"暗"字来评价，批评后世之君谓天道难知而天道实本不难知，指出奸雄"不顾义理之所安者，未有不反为所害"⑧。吕祖谦发掘历史人物身上天理油然而生的情形，倡导政治家要在历史转移的关键时机主动地洞彻和守护天理。例如，他认为郑庄公自绝于天理而天理不绝于庄公，其忿戾之时天理为血气所蔽，其幡然悔悟则是天理之发现。作为政治家应该在具体的国家治理中把握天理油然而生的脉搏，使得具体的政治行为能够实现"众理辐辏"而最终"洞天人之际，达性命之原"⑨。不仅政治实践中的具体经世事业应当体现天理道义，国家的根本宪制理念和深层秩序架构也应该获得此最高天道正当性的支撑。天理道义在吕祖谦的治体论中具有公理和公法的双重意义。

由于吕祖谦哲学思想中的本体论具有"道兼体用"的理论特质，⑩所以，他的历史政治哲学格外重视"势"的作用，体现出理势相维而非以理驭势的义理逻辑。他凸显天理的正当性时兼势而言之，在具体的历史情境中发掘国家治理实践经验。所谓"理也，亦势也"⑪，理势相依而存，需要因势穷理而洞察治道之本源。例如，他不仅认为周、秦强弱的转换须从"形势"上进行分析，还指出周代

---

① 吕祖谦：《左氏博议》卷十九，《吕祖谦全集》第15册，浙江古籍出版社2017年版，第441页。
② 吕祖谦：《左氏博议》卷三，《吕祖谦全集》第14册，浙江古籍出版社2017年版，第56页。
③ 吕祖谦：《左氏博议》卷十一，《吕祖谦全集》第14册，浙江古籍出版社2017年版，第272页。
④ 吕祖谦：《左氏博议》卷二十二，《吕祖谦全集》第15册，浙江古籍出版社2017年版，第487页。
⑤ 吕祖谦：《左氏博议》卷二十，《吕祖谦全集》第15册，浙江古籍出版社2017年版，第452页。
⑥ 吕祖谦：《左氏博议》卷三，《吕祖谦全集》第14册，浙江古籍出版社2017年版，第56页。
⑦ 吕祖谦：《左氏博议》卷十，《吕祖谦全集》第14册，浙江古籍出版社2017年版，第237页。
⑧ 吕祖谦：《左氏传说》卷十九，《吕祖谦全集》第17册，浙江古籍出版社2017年版，第179页。
⑨ 吕祖谦：《左氏博议》卷五，《吕祖谦全集》第14册，浙江古籍出版社2017年版，第95页。
⑩ 徐艳兰：《道兼体用的整全之道：吕祖谦义理之学新论》，《原道》2022年第2期。
⑪ 吕祖谦：《左氏博议》卷十二，《吕祖谦全集》第15册，浙江古籍出版社2017年版，第294页。

之所以能够强盛八百年之久,是因为"文、武、成、康,本之以盛德,辅之以形势"①,立国根本在于有盛德并结合必要的"形势"。所以,评价历史政治问题不能离开具体时势,既要洞察是非正邪之理,也要把握强弱消长之势。正因为文、武、成、康塑造了周之原理,岐、丰、伊、雒构筑了周之形势,所以立国久远需要理势相维的政教机制。"形势与德,夫岂二物耶?形势,犹身也;德,犹气也。人未有恃气之充,而置身于易死之地者;亦未有恃德之盛,而置国于易亡之地者。王者之兴,其德必有以先天下,其形势亦必有以先天下。文、武、成、康之德,天下莫如也;岐、丰、伊、雒之形势,天下亦莫如也。两尽其极,而未尝有所隆杀也。君子无所不用其极者,隆其德而杀其形势,是有时而不用其极矣,乌得为王者之道耶?"② 由此可见,吕祖谦的历史政治哲学体现出理势相维的精神,这与道学家论理不论势、以理驭势的思想有所差异。天理何以在具体的时势中通过经制秩序而成就一代之治体,这是他通过《左传》追溯三代立国规模时所要关心的问题。

吕祖谦阐发理势相维的哲学时提出了"时节"观念,其含义在于,以天理世界观把握政治的根本原理和最高宪则时,应该留意体现天理的政治实践所具有的阶段性和发展性。他认为"看史要识得时节不同处"③,三代、春秋、秦汉是不同时节,《左传》所书可分为霸者未兴之前、五霸迭兴之际、诸侯无霸之后三个时节。政治家要在历史变迁升降、国家盛衰治乱中把握"时节",达于消息盈虚之理而通于古今之世变。由三代入春秋王道政治渐衰,春秋时期王霸互为消长,霸业盛处便是王道消亡,而霸业也最终衰退,历史则由春秋转入战国。孔子时先王德泽尚在故要尊王,到孟子时天命已改故劝诸侯而王,这也是因为时节不同。吕祖谦论"时节"观念,倡导政治家要在治国中把握历史发展动向,并在重要节点上善于察"几"。此时节是历史的一种转移之机,政治家则要有"转移"时节的魄力和勇气。当历史处于王道衰落、霸业兴起的重要关口,政治家如果能够把握时节努力整顿,还可以转至王道的境界。所以,吕祖谦提出要在重要时节去整顿国家,强调政治家主动干预历史进程、扭转国家命运的重要性。这反映了《春秋》

---

① 吕祖谦:《左氏博议》卷十四,《吕祖谦全集》第15册,浙江古籍出版社2017年版,第334页。
② 吕祖谦:《左氏博议》卷十四,《吕祖谦全集》第15册,浙江古籍出版社2017年版,第334页。
③ 吕祖谦:《左氏传续说》卷首《纲领》,《吕祖谦全集》第18册,浙江古籍出版社2017年版,第2页。

中所蕴含的"拨乱反正"思想。如果把握了时节予以有效整顿,历史尚有扭转之机,但如果错过了关键时节,则只能面临着天命转移的后果。所以,吕祖谦指出,周东迁之初犹有三代遗制、文武之迹,但是无一圣贤出来整顿,所以直至于秦。孔子请讨陈恒之时本来是转移时节,鲁君若从其言便可转向三代之盛,不从其言而结果最终转变为战国。

吕祖谦还通过《左传》的历史政治叙事而窥见国家治理中吉凶祸福之几微。他由鲁隐公之事而知祸机常萌于盛满之时,由齐襄公得志便知其所以速死之由。他洞见强弱,批评楚灵王不曾见得真强弱,内外一身之强只是个假虚气而已。他抉摘情伪,"足以见巧诈之不足恃,可饰当时而不可掩后世"①,批评小人"情状机械"虽逾百年同出一辙。他窥得本末,表彰子产能察一国之脉,知虽有富强之形也并不足恃。他辨别名实,认为"名实相资,然后其惠孚;本末并用,然后其守固"②,批评平王徒有息民之名而无息民之实。其论情理,认为天理需要折以人情而落实在人情之常。其论义利,认为学者之患在于勇于义而不能精择。其论公私,认为盛衰治乱只在公私二字。其论离合,洞察历史变迁之大势。其论本末,观治道之原委。其论始终,倡导要做到端本正始和一以贯之。由以上可见,吕祖谦通过对《左传》历史事件中几微的发掘,把握义利、公私、正邪、情伪、善恶、强弱、名实、离合、本末、始终、君子小人、中国夷狄等关键议题。他从经史中发掘和提炼历史政治经验,审视和反思华夏政治体赖以生存和发展的根本治体结构和政教精神特质,由此增益宋代立国的正始之道、经制长策。他在《左传》学中追溯三代立国的本末源流和治体架构的演进变迁,提炼出华夏政教传统中关于根本规模、纪纲制度、风俗教化的宪章遗意,总结此治平经验而指导宋代的立国实践和巩固政教成宪。总之,吕祖谦在对历史政治的审视中,能够深刻地体察天道的吉凶祸福之理,洞察文明的兴衰转移之机,探寻国家治理的关键枢机之所在,为重建理想政治秩序而指出核心要素并揭示出其复杂机理。

三 以心为本:秩序生成的正始之道

吕祖谦以理学倡导的天理公道作为政治秩序所依赖的最高宪则时,不是空泛

---

① 吕祖谦:《左氏博议》附录,《吕祖谦全集》第15册,浙江古籍出版社2017年版,第562页。
② 吕祖谦:《左氏博议》卷二十五,《吕祖谦全集》第15册,浙江古籍出版社2017年版,第554页。

地论述政治家应该得天理而治天下,而是将良心与初心作为政治家为治的根本出发点和政治的最终归宿。这种以良心与初心为本的政治正始之道,体现了心理合一的本体论在经制秩序维度上的超越性和根本统摄地位。天理良心具有公共成法、经制规模、根本治体的意义,这超越了理学家倡导的以修身为本位的治体论模式。吕祖谦的哲学思想建构非常重视"心"的价值,① 因而他对历史的看法被认为是一种"心学史观"。② 具体而言,在他的宇宙观中天理寄寓于人心,宇宙万物及背后一切天理其实都是人心的发现。"天下之理皆具于吾心之中","理本无穷,而人自穷之;心本无外,而人自外之",③ "心苟待道,既已离于道矣"④。人心在天道、历史之间起着沟通的作用,"从而使历史呈现其作为天道之运动性展开的至善情状"⑤。因此,政治家应该时刻保持此心对天理的感通能力,主动地禀受天理而把握政治的根本宪则。此禀受天理之良知则是政治家施政的根本出发点,是一切政治权力运作的端本正始之处。所以,为政者应该以正始的精神端正自己内心,不断地发现与扩充自我心中的良知。吕祖谦认为:"天理之未凿者,尚有此存,是固匹夫匹妇胸中之全经也。"⑥ 匹夫匹妇胸中未受遮蔽隔限的人心本体即天理之所在,也是"六经"的根本义旨。基于此,他对经传中历史故事的阐释,注重发明良心油然而生的状态,倡导政治家最终要实现"当天下之公理,合天下之心"⑦。吕祖谦批评三代之后不讲正心诚意之学,政治家多不能恢宏其心,因此立国规模狭隘。所以,他发明治心养气、正心诚意、格君心之非的功夫,此种心性功夫是政治家洞彻治道、恢宏规模的根本出发点,是国家治理的正始之道。功夫与气象不仅体现为政治家个人的德性修养,还表现为不同角色的为治主体通过秩序运作机制对根本治道、宪章规模、经制成法所产生的复杂影响。

吕祖谦讨论为治主体的人心对政治的影响时,注重运用"良心""初心""民心"这三个表述。他从良心上评判历史人物,倡导政治家要以学问栽培良心。吕

---

① 曹瑜:《以关、洛为宗:吕祖谦心论探析及定位》,《中国哲学史》2023 年第 5 期。
② 王锟:《论吕祖谦的历史哲学——兼与朱熹历史哲学之比较》,《浙江社会科学》2018 年第 9 期。
③ 吕祖谦:《左氏博议》卷十五,《吕祖谦全集》第 15 册,浙江古籍出版社 2017 年版,第 362—363 页。
④ 吕祖谦:《左氏博议》卷十,《吕祖谦全集》第 14 册,浙江古籍出版社 2017 年版,第 232 页。
⑤ 温海明、鲁龙胜:《论吕祖谦心史哲学的基础结构及通天工夫》,《湖南大学学报》(社会科学版)2023 年第 5 期。
⑥ 吕祖谦:《左氏博议》卷十三,《吕祖谦全集》第 15 册,浙江古籍出版社 2017 年版,第 324 页。
⑦ 吕祖谦:《左氏传续说》卷十,《吕祖谦全集》第 18 册,浙江古籍出版社 2017 年版,第 232 页。

祖谦认为,"与生俱生者谓之良心"①,良心的生发和扩充有着不可抵御的力量,但是人要做到保有良心则需要很强的修养功夫和心性定力。因此,他指出"学者不忧良心之不生,而忧良心之不继"②。通过讨论历史中政治人物良心萌动的现象,他指出:"人之良心,亦须是学问栽培,所以能灌溉封植之。苟根本失其灌溉封植,则枝叶自然枯槁矣。"③吕祖谦又认为"初心之发,即良心所在"④,倡导为政者要保持其初心。他批评历史人物忘其初心的情形,例如,指出了里克不免弑逆之恶是因为守初心不坚。"大抵人初心之发,未尝不是。惟其临事移夺,多不能保此心。"⑤政治家要在复杂的历史情境中葆其初心而维系国本。不仅如此,吕祖谦还论述了民心的重要性,强调为政者要能够洞察民之本心。他根据《左传》中的历史典故,指出能够得民心便是得军心,孔子能堕三家都邑是因为得民心。他总结诸侯列国的政治得失,认为在治国过程中,"命令虽自君出,须是当天下之公理,合天下之心,使人不违方可"⑥。吕祖谦讨论良心、初心、民心,体现了治体论中治人主体在秩序架构中的重要地位。

吕祖谦论《左传》故事时将人心当作事物发展的起源和所造成后果的根本原因,反映了他对治人主体在秩序生成机制中先导作用的清醒认识。例如,他论晋室之乱的原委"通是一个私意"⑦,批评郑忽心中无所主而以外物为轻重,揭示郑庄公自欺其心既险又拙。无论是篡弑、求免、图伯之心,还是尊周、亲鲁、爱民之心,他都一一发掘其情伪。吕祖谦如此重视论心,是为了指出心体对于国家兴亡治乱的重要性。他分析楚子入享于郑之事,认为从一笾一豆到君臣、父子、夫妇之分,都体现了人心所持的态度,而人心的或敬或慢,都关系到国家的治乱,既是为世大法也是为世大戒。⑧人心如此重要,可以经纬天地、开物成务,而一念之间,或是禹、汤,或是桀、纣。吕祖谦重视心的作用,继承了理学家正心诚意、格君心之非的论述,以及将君主的心法当作最根本治法的思想。心术的邪正和宏阔与否,关系到国家的兴亡和立国规模是否深厚、国祚天命是否久远。吕祖谦认

---

① 吕祖谦:《左氏博议》卷十一,《吕祖谦全集》第14册,浙江古籍出版社2017年版,第273页。
② 吕祖谦:《左氏博议》卷十一,《吕祖谦全集》第14册,浙江古籍出版社2017年版,第273页。
③ 吕祖谦:《左氏传说》卷十三,《吕祖谦全集》第17册,浙江古籍出版社2017年版,第134页。
④ 吕祖谦:《左氏传说》卷十四,《吕祖谦全集》第17册,浙江古籍出版社2017年版,第143页。
⑤ 吕祖谦:《左氏传说》卷十四,《吕祖谦全集》第17册,浙江古籍出版社2017年版,第142页。
⑥ 吕祖谦:《左氏传续说》卷十,《吕祖谦全集》第18册,浙江古籍出版社2017年版,第232页。
⑦ 吕祖谦:《左氏传说》卷十九,《吕祖谦全集》第17册,浙江古籍出版社2017年版,第181页。
⑧ 吕祖谦:《左氏博议》卷十三,《吕祖谦全集》第15册,浙江古籍出版社2017年版,第300页。

为理想政治秩序的生成，首先在于政治家心术要得圣人治天下的大中至正之道，心术是王霸之辨的根本出发点。以心为本的政治正始之道，强调政治家作为为治主体，其德性修养、政治素养是实现国家治理的基本前提。从这一点上而言，他并没有否定理学家的治人论，以及人君正心诚意、人臣格君心之非的基本治道精神。

吕祖谦不仅在理论上讨论人心，还建立了自己的治人论，就春秋历史中具体事例论政治家的治心养气功夫，指出不同为治主体成就自我德性、养成政治素养、恢宏治道规模的具体途径。"治人主体对于宪制规模的精神重铸，比单纯在制度本身形式上用力要更有效。"① 例如，他警示学者，人心有被引诱以致"外心日炽，内心日消"而良心泯灭的可能，因此提出"内心，学者不可不关防"的观点。② 他吸取理学家的人心、道心之辨，将人的恶念之心比作种子，倡导去恶者务去其根；又以卫州吁之事，认为政治家治心应该使秋毫之不正无所容而后可。他根据楚武王心荡之事，指出学者和政治家要养浩然之气，"苟失其养，则气为心之贼；苟得其养，则气为心之辅"③。他批评历史人物无治心养气的功夫，以致造成治理失败而国家危亡。吕祖谦强调政治家要有治心养气的功夫，以身作则地守护政治宪则的根本精神。他特别批评"管仲之事桓公，专去事上做工夫，却不去君心上做工夫"④，自己无正心诚意工夫，而不能以道格君心之非，此所谓"不导其君以心制物，而反以物制心，是以外而制内也"⑤。他揭示出，晋灵公至于身弑国危，是因为郤缺、赵盾、士会都不能正君心、养君德而自里面做功夫，只是谋人城、攻人国而都去外面做功夫。他举韩宣子能听从郤缺之言的例子，认为郤缺是从心里面做功夫出来，并批评三代以后正心诚意之学不讲，所以政治家的言语不能打动人。又例如，庆郑"狠戾"是因为他气不胜志，不知治心养气功夫，以致晋侯不能用庆郑之才。总之，吕祖谦倡导"学者治心养气，须当下十分工夫"⑥。不仅如此，政治家于治心养气上做功夫，要自知病源和先后次第。

---

① 任锋：《立国思想家与治体代兴》，中国社会科学出版社2019年版，第301—302页。
② 吕祖谦：《左氏传说》卷十四，《吕祖谦全集》第17册，浙江古籍出版社2017年版，第138页。
③ 吕祖谦：《左氏博议》卷五，《吕祖谦全集》第14册，浙江古籍出版社2017年版，第105页。
④ 吕祖谦：《左氏传说》卷二，《吕祖谦全集》第17册，浙江古籍出版社2017年版，第17页。
⑤ 吕祖谦：《左氏博议》卷十，《吕祖谦全集》第14册，浙江古籍出版社2017年版，第233页。
⑥ 吕祖谦：《左氏传说》卷三，《吕祖谦全集》第17册，浙江古籍出版社2017年版，第30页。

由以上讨论可见，吕祖谦的治体论有理学家所注重的精神德性维度，根本治道原理通过不同治人主体渗透于经制法度而生成秩序机制。以天理良心为根本的治道精神，强调为治主体的本心在秩序生成与维系机制中的正始意义和先决作用。在心理合一的宇宙论、本体论视域中，人类社会中任何政治体及其秩序运作机制要具有根本的正当性，就必须对天理良心有深刻的体证和把握。天理良心作为理想秩序生成与维系机制中的根本权威和公共大法，超越于具体的权力运作和政治制度，也能够为在社会维度涵养风俗与教化提供根本导向。政治家的良心、初心是治体结构中治道精神落实的初始之处，也是治人主体的德性修养与政治素养的根基所在，体现了政治共同体所依赖的天理公道和文明宪度。以心为本的秩序生成正始之道，能够对治道、治人、治法产生根本的价值规范和精神熏陶，直接影响到秩序构造中的君主、宰相、台谏、经筵等为治主体，最终作为政治权威与风俗教化相互维系的政教机制的精神内核而存在。在这个意义上来说，吕祖谦的治体论中治道和治法有着深度结合，道和法之间并非割裂而有内在一致性。道揆法守的统合使得其政治思想具有道法合一的理论结构。基于此，政治秩序中的伦理规范与体制法度都具有原理上的正当性和超越性。① 进而言之，在吕祖谦理势相维、以心为本的治体论中，精神德性之维有作为王道大经和万世通法的超越意义，而非仅仅是为有宋一代之立国而言之。

四　尊王是霸：实践本位的历史政治评判

吕祖谦对春秋时期历史政治的评价注重考察政治家的心术动机，特别强调从齐桓、晋文的霸业表现来揭发其内心的情伪，认为霸者在心术动机上存在着根本的虚伪。他举孺子入井之例，认为王者有"怵惕恻隐之心"，霸者则以未入井而救之功浅，既入井而救之功深。② 他从私智、公心之辨指出，"春秋霸者之尊王，皆非其本心，盖必有所为而然"③，此种"有所为而然"其实就是假公济私，所以他们的行事"不过假此以济霸业耳"④。例如，齐桓公坐视邢、卫之苦而后才伸出援

---

① 任锋：《立国思想家与治体代兴》，中国社会科学出版社2019年版，第275—276页。
② 吕祖谦：《左氏博议》卷九，《吕祖谦全集》第14册，浙江古籍出版社2017年版，第204页。
③ 吕祖谦：《左氏传说》卷四，《吕祖谦全集》第17册，浙江古籍出版社2017年版，第42页。
④ 吕祖谦：《左氏传说》卷七，《吕祖谦全集》第17册，浙江古籍出版社2017年版，第77页。

手以成其美名。葵丘之会后，桓公志得意满而霸业渐衰，是因为霸者尊王皆非本心，行事只是与贤君暗合。归根结底，霸者之所以心术如此虚伪，是因为其溺于狭隘的形气之私，没有廓然大公的气象，以至于造成立国规模狭隘，政治行为被邪辟之好恶、外在之虚名所控制。例如，楚灵王"尽是外面虚气，凑合得成一个强"①。吕祖谦从心术动机上辨析王霸，体现了他对历史政治行为的深刻洞察和穷究治道本源的治体眼光。另外，吕祖谦不仅从心术上辨析王霸，还注重从德力、好恶、目标、功效等多角度来立论。具体而言，他认为王道尚德，霸道尚力；王者忧名，霸者喜名；王者恐天下有乱，霸者恐天下不乱；王者之所忧乃霸者之所喜，王者之所谓不幸乃霸者之大幸。②就所期之目标而言，王者期于王，霸者期于霸，而自期于霸者，则是很难使之进于王道，而王道则是至诚无息永无止境。③从功效而言，王者不计功谋利，霸者却计功谋利，王者不求近功速效，霸者却求近功速效。④同理学家王霸之辨不同的是，吕祖谦虽然也注重从根本的道德动机出发，但同时又结合实际形势、客观效果进行综合评判，超越了理学家绝对的道德判断和二元对立思维模式。

吕祖谦坚持以尊王思想作为历史政治的评价标准，但同时又指出尊王亦需要考虑"时节"，换言之，在空言尊王无补于事、王道不行于世的时势下，霸业也有着其一定的价值。与宋代理学家绝对地尊王黜霸不同，他认为在复杂的历史情境中和特殊的时间阶段，霸业也有着一定的合理性和功效，能够对当时相对平稳的政治秩序产生维系作用。所以，吕祖谦相对肯定霸业对历史政治所带来的意义。在"道之实存的状态"发生变动的情况下，如果脱略事情空言义理则是一种泥古不化的表现。⑤所以，他在一定程度上肯定霸者在历史进程中有维持天下之功。注重具体历史情境中的实际治理效果，未能至于王道则不图王道之虚名，一切以对历史的实际贡献为优劣评判标准。当然，霸者也需要内在的德性来支持其外在的功业。霸业要有规模也需要一定的德行。"德与力是王霸所由分处。然而霸亦尝假德而行，亦未尝专恃力而霸者……霸虽是力，亦必假德方能立，以此知维持天下

---

① 吕祖谦：《左氏传说》卷十一，《吕祖谦全集》第17册，浙江古籍出版社2017年版，第122页。
② 吕祖谦：《左氏博议》卷九，《吕祖谦全集》第14册，浙江古籍出版社2017年版，第202—204页。
③ 吕祖谦：《左氏博议》卷十一，《吕祖谦全集》第14册，浙江古籍出版社2017年版，第238—239页。
④ 吕祖谦：《左氏传说》卷二，《吕祖谦全集》第17册，浙江古籍出版社2017年版，第15页。
⑤ 董平：《论吕祖谦的历史哲学》，《中国哲学史》2005年第2期。

者，其可斯须去德邪？"① 所以，吕祖谦认为"霸者之功不可厚诬"②，能够相对肯定历史政治中霸业的价值。他认为所谓三王之罪人的齐桓、晋文，在一定程度上也有维系天道人心之功。因此，他倡导学者要在具体的历史情势中"反观霸者维持之功"③，并且提出"非惟王道不可要近功，而霸者亦然"④的观点。他就春秋时期的政治实践而论，认为中国与蛮夷、王道与霸业常为消长，春秋后期王道正处于极衰，"盖天下统一，为之君者当抚循其民，君不拯救抚循，非所以为君；及至天下分裂，抚循其民者当在霸主，霸主不能抚循，其势自然归蛮夷"⑤。所以，空言尊王往往于事无补，而霸主则部分地实现了王者之功，"一时维持中夏，使诸侯有所畏惧，遵守王度，亦不为无助"⑥。如果没有霸主维持天下使得诸侯不敢放肆，历史就会进入"不知尊卑只问强弱，不知邪正只计利害"⑦的局面。吕祖谦根据"狄侵齐"之事，认为"春秋时若非伯主时复出来整一次，如何会得成中国"⑧。总而言之，春秋之初五霸尚扶持周室，春秋之末则是连霸主亦无，同战国时期的历史相比，五霸亦有维持天下之功。因此，脱离历史时势的尊王未必能达成实际效果，而应该相对肯定霸道作为一种次优政治形态，对于政治文明的进步有着一定功效。吕祖谦并不以王道为评判历史的唯一价值尺度，也重视具体历史情境中的实际治理效果。和理学家纯粹以义利、公私、理欲辨析王霸不同，他并不完全反对实际功利的意义。

但是，霸业所代表的政治并不是理想的政治秩序，因此历史中的霸业往往易衰并且对治道精神有所破坏。从三代以后的历史变迁大势而言，王道秩序在东周后期遭到了破坏以致逐渐衰变消亡，而礼崩乐坏后专制主义精神及其威权体制得到不断膨胀。就这期间霸业的实际情形而言，春秋列国中的霸主本身也处于不断消亡状态。虽然春秋霸业以桓公为盛，但桓公之后霸业也逐渐衰落，以致到了获麟之后五霸皆亡，而历史演变至战国之际。桓公霸业之所以衰落，五霸之所以在

---

① 吕祖谦：《左氏传说》卷十二，《吕祖谦全集》第17册，浙江古籍出版社2017年版，第125页。
② 吕祖谦：《左氏传说》卷十三，《吕祖谦全集》第17册，浙江古籍出版社2017年版，第132页。
③ 吕祖谦：《左氏传说》卷十三，《吕祖谦全集》第17册，浙江古籍出版社2017年版，第132页。
④ 吕祖谦：《左氏传说》卷二，《吕祖谦全集》第17册，浙江古籍出版社2017年版，第17页。
⑤ 吕祖谦：《左氏传说》卷十八，《吕祖谦全集》第17册，浙江古籍出版社2017年版，第167页。
⑥ 吕祖谦：《左氏传说》卷十三，《吕祖谦全集》第17册，浙江古籍出版社2017年版，第131页。
⑦ 吕祖谦：《左氏传说》卷十一，《吕祖谦全集》第17册，浙江古籍出版社2017年版，第119页。
⑧ 李明复：《春秋集义》卷二十五，《景印文渊阁四库全书》第155册，台北：台湾商务印书馆1986年版，第504页。

定、哀之间消亡，是因为霸业本来就容易消亡，这是历史中至公天理所体现的公共法则。王道由尧舜之际而绵延至西周之盛，周代能够享国达八百年之久，这些都可见王道的稳固与持久。反之，齐桓公南退楚师、北伐山戎、推尊王室而成就霸业，死后五子作乱而霸业转瞬即衰。晋文公霸业则不如桓公之规模，因而衰亡得更快，驯致三家分晋，国家随之而灭亡。吕祖谦认为，通常人们以霸业为功利则有过誉之嫌，而宋襄公其实不足以预五霸之列。至于吴、楚交替而兴，虽一时间凭凌中国，但其霸业更是微不足道。所以，吕祖谦仍然推崇王道，将之作为理想政治秩序应该达到的境界，倡导政治家应该意识到霸业的局限而努力进于王道。他指出要看到桓公未能进于王道的遗憾："然看得桓公之有大功，又须看得他有可憾者……盖五霸未出，先王之遗风余泽犹有存者，天下之人犹有可见者。霸主一出，则天下之人见霸者之功，而无复见先王之泽矣。"① 所以，吕祖谦仍然极力尊崇王道政治的价值，主张吸取三代先王治天下的政治经验，批评后世霸道是对先王之道的背弃与否定。政治家应该"进伯而至于王，极天下之所期"，要如"禹之孜孜，汤之汲汲，文之纯亦不已"那样，努力提高当代政治的文明境界。② 吕祖谦坚信，"王道之外无坦途，举皆荆棘；仁义之外无功利，举皆祸殃"③，其视王、霸为异质性的政治模式则始终未曾改变。

总而言之，吕祖谦是以辩证的眼光将王霸视为政治文明的不同境界，并以历史实践为本位看待王霸之间的兴衰消长。他在原则上推崇王道作为理想政治秩序所代表的文明境界，但也倡导面对具体历史时势而进行因时制宜的政治实践，所以在一定程度上肯定霸业对当时政治秩序的维系之功。吕祖谦考察从三代到春秋战国的历史政治实践，指出王道和霸道在很多时候并不是截然对立而是消长共存的，二者都能够发挥对政治秩序的维持作用，使得政治体在正常状态与非正常状态都能够保存文明统绪。与理学家的王霸观不同的是，吕祖谦认为，霸业只是理想政治形态的前期状态和初级阶段，是一种相对合理的政治形态而非绝对败坏的混乱局面。正是作为一种"次优的政治"和"不彻底的仁政"，④ 人们才能够在复杂的历史情境中间最大化地实现政治的合理性。所以，他对王霸之辨的讨论和对

---

① 吕祖谦：《左氏传说》卷二，《吕祖谦全集》第17册，浙江古籍出版社2017年版，第13页。
② 吕祖谦：《左氏博议》卷十一，《吕祖谦全集》第14册，浙江古籍出版社2017年版，第240页。
③ 吕祖谦：《左氏博议》卷九，《吕祖谦全集》第14册，浙江古籍出版社2017年版，第217页。
④ 李长春：《儒家政治哲学中的"霸道"》，《开放时代》2022年第4期。

主要霸主的评价,是基于实践本位进行历史的考察而非哲学的升华。他在具体历史政治实践中发掘三代以降的经制传统,通过春秋时期历史变动而把握维系国家生存与秩序稳固的治体要素。可见,吕祖谦讨论王霸情伪、王霸消长和霸业规模,以及对周秦之间历史政治的评价,秉持了一种鲜明的实践性和当代性品格。在冲破了经学教条的束缚之后,能够在经史传统中激发文明的生机,在因革损益中把握政教秩序的生生之道。不仅对宋代政治传统进行批判和增益,也对华夏立国规模进行检讨和夯实,深刻洞察治体架构的源流和畸变。在儒家经世传统中追问和回溯从三代到春秋战国的治体变迁和演进,在重大政治变革和秩序重组的背后守护根本经制理念及其架构,保守固有的优良政治成宪同时应对新的历史境遇,不断地实现立国精神的更化及其秩序建制的完善,这是吕祖谦讨论王霸问题背后的深刻关怀。基于此,才能够既承接三代王道理想而坚守华夏文明的政治道义,也能够吸纳宋朝当代政教成宪中的良法美意,并"注重在现有制度格局下尽量按照三代政治精神进行调整或变革,重铸治体精神可以确立不同的经制规模"[①]。

五 立国的规模、家法与统绪

吕祖谦的《左传》阐释注重通过春秋历史变迁而追溯三代立国精神与宪度成法,以实践本位在积累的历史政治传统中提炼治体论而接续圣王之治的经制统绪。这种经制统绪包含三代王道政治的精神理念及其相关的秩序建制。他对经史典章中所蕴含的经制传统和治体架构予以有效地激活,所讨论的一个重要问题就是霸业"规模"。在讨论王霸之情伪与王霸消长之后,他还着重发掘和表彰春秋时霸业的规模。吕祖谦注重从心术和功用的维度辨析王道和霸道的差异,体现了对政治家主观动机的深刻洞察和评判历史的务实精神。但是,他也认为霸者有高下优劣之分:春秋时期各位霸主立国的规模,既有宏阔与狭隘之不同,而体现政教文明境界及其传承统绪的家法,则也是有正有邪。基于此种立场,吕祖谦表彰齐桓公能够识得立国规模,所以霸业能够相对久远。他认为霸业是未能进于理想政治的次级政治,超越理学家完全以理欲义利之辨来评判王霸的截然对立的道德化立场,而强调霸者之间因德性、气象、规模等因素而呈现出

[①] 任锋:《立国思想家与治体代兴》,中国社会科学出版社2019年版,第301页。

高下之别。

例如，吕祖谦认为齐桓公之所以能够成就霸业，全都是因为管仲治国有宏大规模。正是由于管仲辅佐齐桓公时能用三代的遗制，所以齐桓公的霸业仍然有一定的王道气象。"大抵管仲图霸，规模缓而不迫"①，此"缓而不迫"的霸业规模，在五霸中表现出超越一般的境界。但是，管仲"不能大其规模，反俯首以就桓公一个狭小规模"②，仍然没能够实现由霸业进于王道的理想。另外，吕祖谦对晋文公霸业的评价，则是赞同孔子"谲"的判定，认为晋文公霸业的规模大逊于齐桓公霸业的规模。"齐桓成霸业却无迹，晋文公霸业便有迹。桓公霸业缓成，文公霸业速就。"③ "桓公计功谋利，比文公时便少。桓公不急功效胜文公，桓公却做得王者事。"④ 所以，齐桓公的霸业绵延三十余年，晋文公的霸业则是转瞬即逝。因为，齐桓公识得立国的根本规模，重视对国本的夯实；而晋文公只追求强国规模，追求一时国势的强盛。可见，就政治家的素养及对政治体的贡献而言，晋文公不如齐桓公，而舅犯不如管仲。吕祖谦又认为，晋悼公视诸侯为一体，即位之初就复晋文公的威仪纲纪，以明要约、立威令、布恩惠、定规模、举贤才等措施作为施政大纲，也足见其立国规模有着根本落实之处。吕祖谦则批评宋襄公不过是一个"暗"字，而"尚且不识霸者题目"⑤。襄公欲成就霸业却求助僭号称王的楚国，这大异于攘夷狄、尊中国的齐桓、晋文。对于秦穆公的霸业，吕祖谦则认为"以功业论，固不及桓、文；以资质论，则有远过桓、文处"⑥。对于楚庄王和其他齐、郑之君，吕祖谦都一概批评其"规模狭隘，无经世之大略"⑦。基于立国规模的视野，吕祖谦辨析和评判后代政治中霸者的规模，认为齐桓公识得立国规模，而晋文公之规模则不如齐，其他诸国立国多"规模狭隘"。

吕祖谦讨论春秋诸国的霸业规模，并且追溯和表彰三代王道政治的规模及气象，是为倡导在政治建设的根本宪制层面奠定立国"规模"。他检讨历史上国家治理的得失，将"立国规模"当作重要的切入点。同时，表彰三代王道之治的立国

---

① 吕祖谦：《左氏传说》卷二，《吕祖谦全集》第 17 册，浙江古籍出版社 2017 年版，第 14 页。
② 吕祖谦：《左氏传说》卷三，《吕祖谦全集》第 17 册，浙江古籍出版社 2017 年版，第 26 页。
③ 吕祖谦：《左氏传说》卷四，《吕祖谦全集》第 17 册，浙江古籍出版社 2017 年版，第 38 页。
④ 吕祖谦：《左氏传说》卷二，《吕祖谦全集》第 17 册，浙江古籍出版社 2017 年版，第 15 页。
⑤ 吕祖谦：《左氏传说》卷三，《吕祖谦全集》第 17 册，浙江古籍出版社 2017 年版，第 33 页。
⑥ 吕祖谦：《左氏传续说》卷五，《吕祖谦全集》第 18 册，浙江古籍出版社 2017 年版，第 88 页。
⑦ 吕祖谦：《东莱吕太史别集》卷十三《甲午左传手记》，《吕祖谦全集》第 2 册，浙江古籍出版社 2017 年版，第 513 页。

规模,例如,认为周代立国规模中有温厚、宽裕的气象,所以国祚能够绵延八百年之久。另外,"气象"也是对立国规模的一种形象化表达,立国规模表现于为政者的精神气象。吕祖谦由《左传》倡导识得三代立国规模,由三代立国规模中发掘先王治天下之遗意为宋代所用。他倡导政治家要大其立国规模与气象:"大抵人心之所用,有大有小。若用大,可以经纬天地,可以开物成务,可以财成天地之道。若用小,声色玩好之间而已。"①

吕祖谦基于立国规模的治体论视野,又引出了立国"家法"概念。政治体所奠定的立国规模,有的气象开阔、规模宏远,有的则狭隘卑陋、目光短浅;而政教统绪的传承,有的纲领纯正,有的则道义有亏。他指出,政治建设中立国的家法不可不正。理想的立国家法不能拘泥于一姓之政治偏好,而应该接续三代立国规模所代表的成宪传统。吕祖谦举《左传》中的故事,认为小人在立国中一旦势均力敌,则相互屠戮而旋踵灭亡,这是因为其处家无法;就敬嬴私事襄仲之事,提出"侥幸之事不可做,以此知家法不可不正"②;批评庄公既知荦之罪可杀而不杀,是因为家法不正而习以成风;指出齐家法不正所以桓公一死而五子作乱,晋之家法正所以其后国祚如此久远。"古人重于立家法,亦非徒然,鲁自文姜以来,家法不正,生出许多祸乱。"③ 吕祖谦批评春秋时期列国家法不正的情形,说明了理想政治秩序的建构不能拘泥于一姓之狭隘好恶与私心自用,要宏大其立国规模而接续历史上既有的经制统绪和优良成宪,并且倡导对宋代祖宗之法进行更化、增益和完善。

吕祖谦通过《左传》对三代立国规模、立国家法进行追溯,对春秋时诸侯立国规模狭隘、家法不正情形进行批评,同时强调继承三代圣王所传"道之正统"的重要性,推崇周代能涵养治体化成风俗而维持天下。周代这种"道之正统"包含了文武法度代表的典章制度,体现了经制成宪、治体规模的构造及其演进。吕祖谦指出三代到孔子之间"道之大全正统"的源流不绝,④ 对三代以来的这种经制统绪及其治体结构进行了溯源和发掘。他认为理想政治秩序在一代政治中能够实现,需要继承三代政教遗意所代表的这种立国规模和家法统绪。吕祖谦指出三

---

① 吕祖谦:《左氏传说》卷十八,《吕祖谦全集》第 17 册,浙江古籍出版社 2017 年版,第 166 页。
② 吕祖谦:《左氏传说》卷五,《吕祖谦全集》第 17 册,浙江古籍出版社 2017 年版,第 57 页。
③ 李明复:《春秋集义》卷十六,《景印文渊阁四库全书》第 155 册,台北:台湾商务印书馆 1986 年版,第 402 页。
④ 吕祖谦:《左氏传说》卷十三,《吕祖谦全集》第 17 册,浙江古籍出版社 2017 年版,第 135 页。

代以来这种统绪源流不绝："盖尧传之舜，舜传之禹，禹传之汤，汤传之文、武，文、武传之周公，至于春秋之际，传于孔子。盖数圣人得其道之正统，固是大统如此全备。若其间源流，亦自相接，虽数十年间，亦未尝间断。"① 可见，这种"道之大全正统"，非理学家所谓的"道统"或"道学"，而是一种囊括了天理良心、规模家法、根本体势、纪纲法度、风俗教化的政教系统。这种政教系统反映了历史上华夏立国所赖的经制架构、治体模式是不断因革损益与发展演进的。另外，也可以认为在吕祖谦的思想中，"道是在人类活动的长期过程中连续地显示其存在的，而且面向未来呈现出广阔而开放的实践空间"②。

由以上论述可见，吕祖谦总结《左传》经史中的政治经验，通过对春秋时期霸主立国规模大小和立国家法正邪的讨论，提出了立国规模、家法、统绪等重要政治理论概念。在他的思想中，立国规模多就治国的根本理念和宏观制度而言，反映在治体构造的深刻合理和秩序建制的稳定牢固上，"体现了特定政治精神风格的国家根本法度模式"③。家法是指立国规模在治权承担者内部形成的一代风尚和具体特色，统绪是指这种立国规模和家法在历史中的传承和演进。吕祖谦不仅追溯华夏政治体在立国规模、治道家法上的传承统绪，辨析其各自所体现的政教文明境界之不同，还阐发出厚植立国规模、涵养根本治体、奠定治道家法的具体路径，并且指出政治家自身治心养气的修养功夫。这种功夫不仅表现为主要政治家个体生命的德性修养，更体现为立国精神和政教秩序中的文明理性尺度。其阐发借助经史案例，因而也有方法论的意义。

吕祖谦倡导宋代立国要继承三代王道政治的经制统绪，实现规模宏大、家法纯粹，从而保守和增益治体并完善政教系统。他在历史政治中揭示治体对一代国祚的维系作用，指出后代秩序重建需要接续这种治体的规模和统绪。吕祖谦从三代和春秋历史中总结政治成宪，倡导立国要恢宏规模而通达治体，做到"通古今事势之变以达于当前之治体"④，实现"古今贯穿而守之以约，规模宏大而不遗其细"⑤。他对宋代立国传统和治体源流有着理论的自觉，提倡扶持"以宽大忠厚建

---

① 吕祖谦：《左氏传说》卷十三，《吕祖谦全集》第17册，浙江古籍出版社2017年版，第135页。
② 任锋：《立国思想家与治体代兴》，中国社会科学出版社2019年版，第293页。
③ 任锋：《立国思想家与治体代兴》，中国社会科学出版社2019年版，第266页。
④ 董平：《论吕祖谦的历史哲学》，《中国哲学史》2005年第2期。
⑤ 吕祖谦：《东莱吕太史文集》附录卷二《祭文》，《吕祖谦全集》第3册，浙江古籍出版社2017年版，第702页。

立规模，以礼逊节义成就风俗"①的治体。他号召要增益宋代治体规模而提升祖宗家法的境界，实现对国家根本宪制的夯实和对社会教化系统的完善。吕祖谦对代表政学大传统的立国规模与家法的论述，要求在接续历史政治传统时提升当代政治文明的境界，体现出一种深探致治之源的厚重而稳健的政治精神特质。

六 国家奠立所依赖的根本与体势

吕祖谦以三代立国深仁厚泽的规模为根本尺度，检讨春秋时背弃此种政治规模的惨痛历史，追溯和审视宋代治体的根本精神及其法度建制，进一步揭示国家奠立所依赖的"根本"与"体势"，从而提炼出政治体确定正当性与合法性应有的宪则。在他的政治思想中，规模作为治体在中央庙堂秩序架构中的表现，是立国根本及其大体大势的主要落实之处，而根本与体势是对规模的进一步深化，是就决定政治秩序的立国治体中的根本宪章而言。具体而言，"根本"作为基源性宪制理念具有端本正始的功能，反映了理想政治秩序中最为深刻的立国精神，蕴含了所谓"所以为国之意"②而体现国本之所在。"体势"则是指此种立国根本在具体历史情境中的决定作用和主要表现。这些要素都是治体论在不同层面的具体表达，共同构成理想治体架构在中央庙堂维度的秩序安排，体现着政治体赖以生存的根基和命脉所在。例如，吕祖谦表彰卫文公、赵宣子、晋悼公、魏绛、万掩的治国规摹良法，本质上是因为这些遗法体现了深刻的治体论自觉。吕祖谦认为晋文公之所以成就霸业都是因为子犯所奠定的规模，倡导"人君虽有腹心谋臣，须是自识得治体"③。立国要先考治体本末，在恢宏政治规模的基础上，深刻追问并牢牢把握政治体所赖以生存的根本基础和发展形势，只有这样才能夯实国家的元气而实现国祚绵长。

吕祖谦《左传》学所体现的治体论架构中，所谓立国根本比立国规模有更进一步的含义。他将民心和三纲当作立国的根本所在，认为古代圣王注重得民心而夯实牢固的立国根本，而不仅仅是为图一个"基业"，指出后世立国不久便覆亡是

---

① 吕祖谦：《东莱吕太史文集》卷三《淳熙四年轮对劄子二首》，《吕祖谦全集》第1册，浙江古籍出版社2017年版，第50页。
② 叶适：《水心别集》卷二《国本上》，载曾枣庄、刘琳主编《全宋文》第285册，上海辞书出版社2006年版，第300页。
③ 吕祖谦：《左氏传说》卷三，《吕祖谦全集》第17册，浙江古籍出版社2017年版，第34页。

因为无所根本。"大抵观人之国，惟于国势危亡时，方见得根本厚薄。"① 吕祖谦由宋入曹之事认为："大抵天下事，若是根本已虚，则祸衅之发，不必作意为之，虽偶然小小变故，皆足以为祸。"② 所谓根本已虚，是指民心已经离散而国家丧失元气。"国家到得根本民心已离，虽甲兵之利，城池之固，皆不足恃。以此知古先圣王，所以培养根本者以此。"③ 另外，他所谓根本，有时是指"三纲"而言。

吕祖谦不仅论立国根本，还论国家赖以生存的大体大势。他认为公羊、谷梁只是经生而不识得立国大体，左氏则识得立国大体。他倡导"人君自识安危治乱之大体"④。立国在大体大势上不能颠倒错乱。例如，知庄子、范文子、韩献子只谋一策而不曾整顿和理会立国之大纲，所以不能扭转国家命运发展的大势。据此，吕祖谦指出政治家不能在一谋一策之用上为善，须在政治体运作的大势大体上做功夫："大抵为政有大体，为国有大势，所谓用贤，不在一谋一策之是用。所谓贤，亦不在一谋一策之见用。皆须于大体大势上用之。"⑤ 他批评晋景公不能自正君心而整顿大体大势，最终造成立国的统体大纲完全失去。他批评魏献子为政只在分田小节而不得大体所在，如果从大体上看则六卿分晋正自此始。吕祖谦认为："学者考古论治，须当自大体处看，不可就小节上看。"⑥ 吕祖谦的大体大势论，凸显了立国根本、规模这一层面的要素对于国家建立及其命运发展的决定性作用。

吕祖谦在《左氏》学中所提出的立国根本与政治体势等政治理论话语及其范畴，作为治体论的重要组成要素而存在。作为治体的立国根本、治理体势代表着宏观立国本旨、最高政治成宪以及祖宗法度中的良法美意，这种宪制成法能够决定政权的合法性并且保障秩序有效进行。在吕祖谦的政治思想中，治体论是其立国精神及秩序建制的系统构造。他倡导在国家治理中应该以考治体本末为首要之务。例如，他从《左传》遗法所代表的历史政治经验中留意和提炼治体论，表彰周代治体具有惇厚、宽大、温裕的精神特质，指出治人主体要充分发挥历史主动性，自觉地接续和发扬古圣先王立国的精神统绪及其经制规模。他倡导要对国本与治体时刻持有守护之意而推崇保守成宪的政治思想，鼓励后世立国要夯实仁意

---

① 吕祖谦：《左氏传说》卷二十，《吕祖谦全集》第17册，浙江古籍出版社2017年版，第192页。
② 吕祖谦：《左氏传说》卷二十，《吕祖谦全集》第17册，浙江古籍出版社2017年版，第185页。
③ 吕祖谦：《左氏传说》卷二十，《吕祖谦全集》第17册，浙江古籍出版社2017年版，第185页。
④ 吕祖谦：《左氏传说》卷三，《吕祖谦全集》第17册，浙江古籍出版社2017年版，第34页。
⑤ 吕祖谦：《左氏传说》卷六，《吕祖谦全集》第17册，浙江古籍出版社2017年版，第68页。
⑥ 吕祖谦：《左氏传说》卷十六，《吕祖谦全集》第17册，浙江古籍出版社2017年版，第156页。

流行的天命国脉而增益当代政治传统的内涵并提升其境界。一代治体所尚，包含治道精神、根本宪制、为治主体与风俗教化，具体的治体架构包含治道、治人和治法。吕祖谦强调治道的体统和大源，认为"治体定则治道成"①，"体统正而内外各得其职"②；强调治法原则，倡导留意"治体之升降，旧章之损益"③；强调治人主体，认为君主治国必须是自己先识得治体。吕祖谦从《左传》的经史遗法中提炼治体，所谓立国的规模、家法、统绪、根本、体势都是治体论不同维度的表现。三代治体作为后代政治的根本法和所尊崇的成宪，在法三代的旗帜下讨论宋代立国的治体问题，需要充分尊重历史政治的累积经制传统，由此提炼出当代治体的根本精神及其客观架构。

吕祖谦指出在宋代治体架构中，祖宗家法是其重要组成部分，历代君主所形成的良法美意能够奠定一代立国规模，而这种立国规模又与风俗教化相互结合，构成政治中心与外围社会相互维系的治体论模式。这种内外相维的模式代表政治秩序生成的理想状态及其所达到的文明境界。据此，吕祖谦构造出了涵养根本、恢宏规模、化成风俗相结合的内外相维持的治体论。淳熙四年（1177），吕祖谦奏曰：

> 国朝治体有远过前代者，有视前代犹未备者。以宽大忠厚建立规模，以礼逊节义成就风俗……此所谓远过前代者也。文治可观而武绩未振，名胜相望而干略未优……此所谓视前代犹未备者也。陛下慨然念仇耻之未复，版图之未归，故留意功实，将以增益治体之所未备；至于本朝立国之根本，盖未尝忘也……臣窃谓治体其视前代未备者，固当激厉而振起；其远过前代者，尤当爱护而扶持。④

可见，理想的治体使政治秩序有着根本的精神维系，同时让国家治理能有最高的法度可依。吕祖谦从历史政治传统中提炼治体精神及其客观建制，对标三代

---

① 吕祖谦：《东莱书说》卷二十三，《吕祖谦全集》第7册，浙江古籍出版社2017年版，第303页。
② 吕祖谦：《东莱吕太史文集》卷三《淳熙四年轮对劄子二首》，《吕祖谦全集》第1册，浙江古籍出版社2017年版，第50页。
③ 吕祖谦：《东莱吕太史文集》卷十三《陆先生墓志铭》，《吕祖谦全集》第1册，浙江古籍出版社2017年版，第179页。
④ 吕祖谦：《东莱吕太史文集》卷三《淳熙四年轮对劄子二首》，《吕祖谦全集》第1册，浙江古籍出版社2017年版，第50—51页。

中周家治体的典范模式，检讨春秋时治体畸变的教训，统合后代历史中的经制传统，倡导守护和增益宋代政治传统中宽大忠厚、礼逊节义的治体。他心目中理想的治体架构，既包含作为治道之本源和最高公共宪则的天理良心，也包括以规模、家法、根本、体势、纪纲、制度为代表的中央庙堂政治秩序，同时也包括风俗所代表的社会外围教化。刚健精神、武备谋略等则是宋代治体之不足。所以，他倡导要保持宽大忠厚的规模、礼逊节义的风俗，而增益武绩和干略的不足，建构厚植根本、奠定规模、增益成宪、化成风俗相结合的宪制秩序和政教机制。由此可见，吕祖谦的治体论涵摄了理学家和经制事功学家的思想旨趣，其理论结构中有德性规范与体制法度"内外相维持"的二重性思维，① 此种思维又在更高的维度统摄于"道治合一"的政治思想。② 基于此，他强调在奠立国家根本政治宪则时要在社会维度涵养风俗而形成教化。远离政治权威中心的社会应该有其自发空间，不能过度依赖权力干预而应该实现自由发育。吕祖谦追溯华夏政治体在文明肇造时代的政教规模，以文武宪章及其流风余韵作为后世秩序重建的统摄原理和生发机制，从而推动宋代治体更化而激活政治文明的内在生命力。此种思想旨趣并非只专注于事功，因为"图维事功，亦未有舍根本而能立者也"③。只有遵循根本治体成宪才能实现政治规模宏大和国家天命久远。

七　纪纲与制度：中心治法秩序的构造

吕祖谦的治体论中既有理学家强调的精神德性也具有经制法度的内容，其根本治道原理、宪制秩序架构、具体规范建制之间相互配合共同维系，以求在具体历史政治情境中和面对复杂人性时能够发挥作用。周代为治体的典范，春秋为治体的畸变，因此历经周秦之变后，后世政治家应该识得三代立国规模，从而奠定治体、厚植根本、守护成宪。在吕祖谦的治体论中，纪纲制度代表的经制成法是重要内容，是宏观宪制架构中的具体秩序建制，体现权力的运作规则及其模式，对微观层面的庶务政事有决定作用。立国实践中根本规模与纪纲制度作为关键性

---

① 任锋：《立国思想家与治体代兴》，中国社会科学出版社2019年版，第284页。
② 徐艳兰：《道治合一：论吕祖谦政治思想的双重维度》，《朱子学研究》2022年第1期。
③ 吕祖谦：《东莱吕太史文集》卷三《淳熙四年轮对劄子二首》，《吕祖谦全集》第1册，浙江古籍出版社2017年版，第51页。

政治要素，由内到外相互维系，共同构成理想治体的规模架构。其中，纪纲奠立一代治法的宏大规模，制度则是纪纲在秩序建制上的微观呈现。宋儒认为："我朝立国，以仁义为本，以纪纲为辅。"①"我朝以仁义为规模，以纪纲制度为根本。"② 吕祖谦的政治思想中，天理仁义和纪纲制度也是相互支撑的，这使得其治体论具有二重性思维，而其制度理论中也具有德法并行的思想。③ 他认为宋代要对当代政治进行批判与重建，需要在肃正政治纪纲、完善具体制度上用力，而最终确立理想的治体结构。其《左传》学深考三代先王治天下的重要纪纲制度，阐发理想治体构造中纪纲制度的内外相维关系，是为了在宋代治国中树立严整的纪纲法度以挽救国势颓败的局面，同时优化宏观制度设计而扭转法度繁密扼杀社会活力的情形，以形成根本立国规模和风俗教化相结合的政教机制。

吕祖谦认为纪纲是治体的重要部分，对立国规模具有决定性意义，国家如果在根本的纪纲上有所缺失，那么在具体制度上做得再好也无济于事。吕祖谦主张读史书要先看"统体"之所在，此种体统包含着纪纲的内涵：

> 读史先看统体，合一代纲纪风俗消长治乱观之，如秦之暴虐，汉之宽大，皆其统体也。其偏胜及流弊处，皆当深考。复须识一君之统体。如文帝之宽，宣帝之严之类。统体盖谓大纲，如一代统体在宽，虽有一两君稍严，不害其为宽。一君统体在严，虽有一两事稍宽，不害其为严。读史自以意会之可也。至于战国三分之时，既有天下之统体，复有一国之统体，观之亦如前例，大要先识天下统体，然后就其中看一国之统体。先识一代统体，然后就其中看一君之统体，二者常相关也。既识统体须，看机括，国之所以兴所以衰，事之所以成所以败，人之所以邪所以正，于几微萌芽时，察其所以然，是谓机括。④

吕祖谦认为，春秋之初"周家法度纪纲犹班班可考"⑤。他通过考察三代与春

---

① 吕中：《类编皇朝中兴大事记讲义》卷四，上海人民出版社2014年版，第499页。
② 吕中：《类编皇朝中兴大事记讲义》卷一，上海人民出版社2014年版，第443页。
③ 徐艳兰：《道治合一：论吕祖谦政治思想的双重维度》，《朱子学研究》2022年第1期。
④ 吕祖谦：《东莱吕太史别集》卷十四《读史纲目》，《吕祖谦全集》第2册，浙江古籍出版社2017年版，第516页。
⑤ 吕祖谦：《左氏传续说》卷首《纲领》，《吕祖谦全集》第18册，浙江古籍出版社2017年版，第6页。

秋的兴衰治乱，认为自古国家将亡都是由于纪纲无。他批评鲁隐公置一国之纪纲而不顾，鲁昭公出奔后鲁国大变而全无纪纲，齐桓公末年霸业渐衰后纪纲大不如前，晋国上下通是私意而不能成就纪纲，六卿强公室卑而造成立国的纪纲不振。吕祖谦强调国家立国要肃正纪纲，认为纪纲是治道与治法的重要体现。他对薛季宣政治思想中治体本末进行讨论，认为治体落实在人才、纪纲、治道之上，强调立国要以仁义纪纲为本。① 纪纲是具体秩序构造及其生成机制的根本统摄要素，宋、齐、晋在春秋时期代表着天下秩序的纪纲，君臣、父子、夫妇之伦则是政治秩序的纪纲。吕祖谦表彰郑国子产为政能够奠立为国的纪纲。他又由郑伯克段之事认为，"自古所建立国家，维持天下，大纲目不过数事，如三纲、五常、天叙、天秩之类"，"盖君臣、父子、兄弟是内治，制度、纪纲是外治，内外相维持，皆不可欠缺"。② 所以治国要先正纪纲，在大处着眼而奠定立国规模。不能在根本纪纲上有所奠定和夯实，在具体节目上做得再好往往也于事无补。

吕祖谦注重在纪纲的层面总结治国的得失。他指出隐公创业垂统本应以正纪纲为先，但隐公不图立国大纲而唯疥癣是忧，使得国柄下移以至于纪纲皆失。他批评昭公不能收公室之权而正纪纲，以至于季氏专国而国运渐衰。他批评邓国衰亡在于不能自立纪纲以相整顿，指出晋国范氏、韩氏欲在外面振纪纲其实只是私意，认为桓公末年霸业渐衰故纪纲不如从前，吴入郢之后志满意骄纪纲都无所统纪。他肯定晋悼公即位之后复兴文公之威仪纪纲得立国之要领。吕祖谦指出，在道德、典章瓦解而天下无所纪纲时，正是一个"收拾时节"，需要政治家挺身而出肃正纪纲以维持秩序。他借助《左传》记载中的政治得失，强调在立国中正纪纲的重要性。

治体构造中的制度设计是治法的重要部分。吕祖谦既强调了纪纲作为经制成宪的意义，还阐发了制度对政治秩序的保障作用。南宋时期所编纂的《类编皇朝大事记讲义》卷一《制度论》中认为："盖大纲者，谓法之规模大意也。万目者，谓法之条目纤悉也。"③ 该书通过对汉唐制度的比较分析，指出宋代立国之初纪纲

---

① 吕祖谦：《东莱吕太史文集》卷十《薛常州墓志铭》，《吕祖谦全集》第1册，浙江古籍出版社2017年版，第142页。
② 吕祖谦：《左氏传续说》卷一，《吕祖谦全集》第18册，浙江古籍出版社2017年版，第4页。
③ 吕中：《类编皇朝大事记讲义》卷一《制度论》，上海人民出版社2014年版，第38页。

甚正而制度未能尽善，后来则是制度渐坏而纪纲犹在，最后导致制度、纪纲均紊乱破坏，这与王安石变法及权臣祖述其意有关。这指出了制度与纪纲在秩序建制中的相互维系作用。吕祖谦的思想中，作为具体节目的制度与作为规模大意的纪纲，也有此种内外相维的关系结构。具体的制度与抽象的纪纲相互配合而产生功效。他在《左传》阐释中深考三代先王立国的制度渊源，提炼制度背后的遗意而主张参酌用之。他通过《左传》对历史政治制度进行考察，"上既见先王遗制之尚在，下又见后世变迁之所因"①，又在《左传类编》的《诸侯制度》中，将五等诸侯的礼乐刑政制度详加编纂，考其变迁、溯其源流，以见三代立国之遗意。三代先王奠立的典章制度作为"封建诸侯之本"，是构成"内外相维，不可拔之根基"的政教维系机制中的组成要素。②吕祖谦主张宋代立国要完善政治制度设计，重视具体政治制度对理想秩序的维系功能，这体现出立国思想家的守成意识和宪制理念。吕祖谦的制度论具体包含以下几点内容。

第一，作为政治家要深考三代立国过程中政教传统的源流，继承先王制度中的良法美意。他认为《左传》本质上体现的是周代典章制度。其《看左氏规模》认为，通过《左传》对春秋时期制度的记载，可见春秋之初"先王之流风遗制，典章文物犹有存"③，"尧、舜、禹、汤、文、武典刑法度"④ 所代表的三代王道政治规模宏远的遗意，犹能不绝如缕。但是，到了战国、秦、汉，先王典章法度及其精神传统则扫地荡尽。吕祖谦主张深考三代先王所创制度的源流本末及其所体现的政教精神。

第二，考察历史政治制度时要特别推崇文武成康之遗制，重视故家遗俗在国家秩序建制中的引导作用。吕祖谦指出，"周家法度纪纲犹班班可考"⑤，政治家对周家法度深入发掘，要从故家遗俗中体贴三代遗制的精神。三代立国有典刑法度以维持天下，其中制度的因革使得其风声气习、礼乐典章常继而不绝。"圣人之

---

① 吕祖谦：《左氏传续说》卷首《纲领》，《吕祖谦全集》第18册，浙江古籍出版社2017年版，第2页。
② 吕祖谦：《左氏传续说》卷七，《吕祖谦全集》第18册，浙江古籍出版社2017年版，第125页。
③ 吕祖谦：《左氏传说》卷首《看左氏规模》，《吕祖谦全集》第17册，浙江古籍出版社2017年版，第1页。
④ 吕祖谦：《左氏传说》卷十六，《吕祖谦全集》第17册，浙江古籍出版社2017年版，第157页。
⑤ 吕祖谦：《左氏传续说》卷首《纲领》，《吕祖谦全集》第18册，浙江古籍出版社2017年版，第6页。

心，正欲存前代之遗制，使后圣人参酌用之耳，亦欲忠质文迭用。"① 因此，政治家应该把握制度之间的因承和继守关系，重视历史政治累积的立国传统和旧法成宪的意义。

第三，政治家对历史上制度的变迁应该有着清醒的认识，看到春秋战国以来文武成康所代表的周家法度、流风遗俗扫地荡尽的事实。春秋时期的制度还能体现先王遗泽的深厚，而战国时期的文武典章法度则扫地无遗，以诈力为常事而不复有先王之制的维系，到了秦、汉之际，政治制度更没有三代的古意。吕祖谦表彰三代遗制、周家法度、文武之迹的维持天下之功，指出历史变迁中制度"渐僭"而变坏处，这包括周家的庙制、丧制、服制、官制、嗣法、甸制、葬制、舞制、田制等，都渐渐"讹了古意，与古制全不同"②。

第四，政治家在先王制度衰而未尽的时候，如果加以有效的整顿则可以复先王之旧。"春秋之始，周家法度纪纲犹班班可考，尚似可为。若五十年之前便能整顿，则文、武之迹犹未坠也。惜乎平王之不能振耳。"③ 吕祖谦根据先王五宗之法消磨未尽的事实，认为："此犹见是三代之遗意，以此知当时若有圣贤出扶持之，尚自有所因，可复先王之旧，不如后世声消气绝难整顿。"④ 在制度变迁中如果政治家能有效整顿，还可以一定程度上延续先代良法美意，但是错过了整顿的时节则只能是扫地荡尽。

第五，在立国中继世之君要守护先王典章、旧政遗法，也需要老成先进谨守成宪而维系国家的长治久安。吕祖谦倡导守护创业之君所奠立的法度，"大抵先王法度，本末具在，不可得而变"，"以此知为国家者，须有老成先进，必不到做坏法度事"。⑤ 他表彰春秋之初老师宿儒能守护先王典法，批评子产铸刑书开人伪心而失尧舜立法之意。"国家不可无世臣"⑥，需要有宿儒谨守先王成宪。古代立国有老师宿儒访求三代典故的传统："盖古者诸侯之国必有知典故、备访问底人，所

---

① 吕祖谦：《左氏传续说》卷九下，《吕祖谦全集》第18册，浙江古籍出版社2017年版，第193页。
② 吕祖谦：《左氏传续说》卷五，《吕祖谦全集》第18册，浙江古籍出版社2017年版，第96页。
③ 吕祖谦：《左氏传续说》卷首《纲领》，《吕祖谦全集》第18册，浙江古籍出版社2017年版，第6页。
④ 吕祖谦：《左氏传续说》卷十六，《吕祖谦全集》第17册，浙江古籍出版社2017年版，第157页。
⑤ 吕祖谦：《左氏传说》卷十五，《吕祖谦全集》第17册，浙江古籍出版社2017年版，第150—151页。
⑥ 吕祖谦：《左氏传续说》卷六，《吕祖谦全集》第18册，浙江古籍出版社2017年版，第114页。

以三代之源流，先王之制度，不至于断续而不知者。"① 吕祖谦的治体论对治人主体的论述，推崇老成持重的政治家对成宪传统的守护作用，警惕轻变先王法度而动摇立国根基的冒进思想。

八 社会维度风俗教化的涵养与培育

吕祖谦的治体论中理想政治秩序的立国之本，并非仅拘泥于政治权威中心的政体安排和秩序统合机制，还能够突破政治权力的边界、超越国家整合的叙事，倡导在社会维度涵养风俗和形成教化，强调社会自发空间的充分发育对厚植国本和增益治体的意义。他的治体论以根本规模、纪纲制度为宪制实体，以涵养风俗、培育教化为外围拓展，强调在社会维度孕国家真元之气，主张风俗教化而与纪纲制度等内外相维系，使得理想政治秩序中的诸多组成要素，由庙堂之上根本规模的奠定，到江湖之远风俗教化的养成，共同构成政教相维的互促共生机制。吕祖谦强调，有意识地在广土众民的社会自发空间涵养良风美俗，是政治体朝着理想治体更化的必经途径。因为社会风俗的形成能够完善中心政治权威的教化系统，使得立国根基渗透着深仁厚泽的精神而进入普遍的民心。如此，政治建设才能与社会和文明建设充分结合，实现政治秩序和社会空间的相互促进，最终共同维系国家和民族的元气和命脉。他在《左传》的阐释中，注重讨论教化维度的风俗、风声气习，发掘三代时期的风俗对于维系政治教化功能、厚植立国根本的意义。正是因为"风俗之变，国势之隆替寓焉"②，所以政治家当"见得风声气习之大推移，习俗之大变革处"③。吕祖谦认为："读史先看统体，合一代纲纪、风俗消长治乱观之。"④ 所以，理想的治体构造包含纪纲制度和风俗教化的内外相维，统摄立国根本规模与政教维系机制。

吕祖谦倡导考察历史政治，要追溯三代风俗渊源，深考风俗变迁大势，在历史实践中见得当时风俗淳厚处。他认为春秋时犹有先王流风遗俗，"风声气习近于

---

① 吕祖谦：《左氏传续说》卷二，《吕祖谦全集》第 18 册，浙江古籍出版社 2017 年版，第 16 页。
② 吕祖谦：《东莱吕太史外集》卷一《策问》，《吕祖谦全集》第 3 册，浙江古籍出版社 2017 年版，第 577 页。
③ 吕祖谦：《左氏传说》卷四，《吕祖谦全集》第 17 册，浙江古籍出版社 2017 年版，第 45 页。
④ 吕祖谦：《东莱吕太史别集》卷十四《读史纲目》，《吕祖谦全集》第 2 册，浙江古籍出版社 2017 年版，第 516 页。

三代"①，但春秋两百余年之间则扫除荡尽。春秋的风俗是三代圣王之治的余波和遗迹，战国时完全没有三代的温柔敦厚之风。不仅从周到春秋风俗有变迁，春秋到战国、秦汉的风俗也日薄。他的《左传》阐释发掘三代政教的流风遗俗，由周之风俗以见先王盛德，认为三代风俗醇厚是圣王涵养所致。吕祖谦表彰周代圣王涵养风俗之功，认为文王、武王、周公通过涵养文教、化成风俗、丕变斯文，在最为深刻之处厚植和夯实了立国之本，由此奠定的温柔敦厚的治体最终维系了周代八百年的天命。他高度赞扬文、武、成、康之盛德能够表现于风俗而远泽后世。"吾是以知文、武、周公之化，固有默行乎礼教、风俗、政治之外者矣"，由"成周之泽"以见"文、武、周公之用功"深远。② 文、武、周公之流风遗俗源流不绝，使得后代政治家能够于数百年后窥见周之盛德，而周代深仁厚泽、良风美俗积世相传影响到春秋时代。吕祖谦指出，由风俗变迁可见治体之隆替、国运之盛衰。秦在西戎所以声教文物阙如，鲁秉周礼则先王遗风在焉。他以楚子立商臣之事批评其无三纲而有夷狄之风，认为晋国有推贤让能之风所以霸业长久，因闵子马一人见鲁之风俗尚有学问源流，而道之正统源流不绝。吕祖谦又由楚灭六、蓼之事认为："风声气习尚有典刑，老成人相与维持，故得世守其祀。"③ 可见，作为治体要素的风俗需要老成持重的治人主体予以维持。

风俗之所以在吕祖谦的治体论构造中具有重要地位，是因为其能超越以政治为中心的文明叙事，在更广大的社会自发空间探寻国家建设的生意流行之处。在广大族群中涵养公共性情而形成良风美俗，有意识地进行移风化俗而实现人文化成，能够使民众的性情得到抒发、激发社会的活力、保存国家的元气。社会维度的元气能够不断孕育新生力量而培育人才、恢宏治道，反过来可以对政治权威中心的僵化局面进行革新，从而对国家治理做出一定的调整和修正。进而言之，社会空间的发育可以保存政治的生机与活力，使之不至于被教条权力和僵化法度所扼杀。吕祖谦所阐发的政治—社会的双向互动机制，可以促使立国原理不断自我革新、治体规模实现新陈代谢。正是因为洞察了政治文明的生机与元气也渗透在广大社会空间的事实，所以吕祖谦倡导政治家应该在更广阔的社会维度厚植立国之本，将治体根基夯实在民间社会并建立内外相维的政教系统。基于此种政治思想，他揭示三代圣王涵养风

---

① 吕祖谦：《左氏传说》卷五，《吕祖谦全集》第17册，浙江古籍出版社2017年版，第60页。
② 吕祖谦：《左氏博议》卷十二，《吕祖谦全集》第15册，浙江古籍出版社2017年版，第291页。
③ 吕祖谦：《左氏传说》卷四，《吕祖谦全集》第17册，浙江古籍出版社2017年版，第45页。

俗的维持天下之意，认为当以涵养风俗化成天下为立国根本。"周之君自文、武、成、康皆以敦本务农，孝悌忠厚涵养天下，是以能维持周室。此周之所以王。以周论楚，王霸粹驳虽不同，要之皆不可不养其根本。各随其所尚，养成风俗则一也。自古皆以养风俗为根本。"① 周公、伯禽培其风俗于数百年之前，而见效于数百年之后，这体现了周代立国规模的宏阔、深厚与久远。理想的治体当注重风俗的涵养，因为风俗醇厚可救恶政之弊。"观政在朝，观俗在野，将观其政，野不如朝；将观其俗，朝不如野。政之所及者浅，俗之所着者深。"② 政治家要重视在野的风俗，并以民间风俗来规劝在朝的政治，这是因为历史上"善政未必能移薄俗，美俗犹足以救恶政"③。吕祖谦指出，历史上圣人治国能够深谋远虑，重视风俗的培育元气、厚植国本与维系国祚之功："独有养其礼义之风俗以遗后人，使衰乱之时犹可恃之以复振，四邻望之而不敢谋。"④ 所以，吕祖谦认为，历史上政治体能够实现国祚绵长，"实流风遗俗扶持之力"⑤。因为风声气习易感召渐染而难以转移，所以理想政治秩序建设当注重风俗的涵养与维持。

吕祖谦将周代立国的治体当作历史上的理想治体模式，认为周代治体中有涵养风俗维持天下的政教机制，所以宋代立国应当吸取三代涵养风俗化成天下之意，在民间社会守护和涵养良风美俗以反哺中央政治权威，形成柔性教化和权威体制内外相维持的治体结构。他回溯宋代立国的关键时刻和治体演进的源流，指出自太祖、太宗朝以来，涵养风俗是立国治体的重要内容。国朝治体"以宽大忠厚建立规模，以礼逊节义成就风俗"⑥，规模与风俗共同构成治体结构中内外相维的政教机制。吕祖谦不仅指出宋代立国传统中养成了礼逊节义的风俗，还从当代政治传统中提炼出"祖宗化成风俗所以维持天下"⑦ 的经制成宪。他通过春秋时齐国三太史之事见周代文、武、成、康涵养数百年之风俗，同时认为宋代立国中也有这种涵养风俗的传统："自太祖、太宗、真宗以来，朝

---

① 吕祖谦：《左氏传说》卷七，《吕祖谦全集》第17册，浙江古籍出版社2017年版，第84页。
② 吕祖谦：《左氏博议》卷八，《吕祖谦全集》第14册，浙江古籍出版社2017年版，第192页。
③ 吕祖谦：《左氏博议》卷八，《吕祖谦全集》第14册，浙江古籍出版社2017年版，第192页。
④ 吕祖谦：《左氏博议》卷八，《吕祖谦全集》第14册，浙江古籍出版社2017年版，第193页。
⑤ 吕祖谦：《左氏博议》卷八，《吕祖谦全集》第14册，浙江古籍出版社2017年版，第193页。
⑥ 吕祖谦：《东莱吕太史文集》卷三《淳熙四年轮对劄子二首》，《吕祖谦全集》第1册，浙江古籍出版社2017年版，第50页。
⑦ 吕祖谦：《东莱吕太史文集》卷三《淳熙四年轮对劄子二首》，《吕祖谦全集》第1册，浙江古籍出版社2017年版，第51页。

廷之上养成一个爱君忧国,犯颜逆耳底风俗,故一时忠臣辈出……观三太史之事,当知文、武、成、康涵养风俗之所致。观三舍人之事,当知我祖宗涵养风俗之所致。"① 同时,他检讨宋代风俗的演变,批评"今风俗尚能救政事之疵,而政事反不能因风俗之美"②,倡导在守护和增益现有治体时要注重风俗的特殊作用,强调在民间社会涵养风俗可以教化天下并反哺政治中心,使得立国规模中蕴含深仁厚泽的精神传统。社会风俗教化与立国根本规模相互维系,构成理想治体中的政教共生机制。进而言之,吕祖谦的治体论中蕴含的"政治—风俗"内外关系,能在政治权威之外开辟出并立的价值中心与社会性自生空间。③ 在社会维度激活民间自发力量能够对政治权威进行必要的引导和规范。同时,以良风美俗和深仁厚泽培养的士大夫进入政治权威中心,能够有效地对既有的政治风气进行更化和革新。可以认为,国家的元气不仅寄托于政治权威中心,也蕴含在广土众民所构成的社会自发空间,所谓"显诸仁,藏诸用"的道理,正是如此。所以,理想政治秩序的实现也需要远离政治的社会维度实现充分的自我发育。奠定立国根本规模时也需要涵养社会风俗教化,形成政治中心的体制法度与外围社会的良风美俗之间双向互动、相互维系的政教机制。由此治体论结构,可见其中蕴含着纪纲法度和道德仁义内在合一的政教精神,即所谓"道揆法守,浑为一途","道揆通于法守之务"。④ 这种纪纲严整与仁意流行并行不悖的政治理念,修正了以政治权威为中心的单向秩序模式。总之,吕祖谦在传统治体论中增益了风俗的维度,揭示了宋代立国中以涵养风俗为治体的传统,形成了立国根本规模与社会风俗教化内外相维的秩序理念。

九　理想秩序中政治与教化的内外相维

吕祖谦《左氏》学以春秋历史演变为切入点,探索三代政教遗制、周代立国法度、文武成康之迹对治体的塑造,阐发三代立国治体中内外相维的政教机制,特别推崇周代治体有涵养风俗维持天下之功。例如,吕祖谦由郑伯克段之事,认为"自

---

① 吕祖谦:《左氏传说》卷八,《吕祖谦全集》第17册,浙江古籍出版社2017年版,第91—92页。
② 吕祖谦:《左氏博议》卷八,《吕祖谦全集》第14册,浙江古籍出版社2017年版,第194页。
③ 任锋:《立国思想家与治体论兴》,中国社会科学出版社2019年版,第282页。
④ 薛季宣:《浪语集》卷二十三《与沈应先有开书》,载曾枣庄、刘琳主编《全宋文》第257册,上海辞书出版社2006年版,第260—261页。

古所建立国家，维持天下，大纲目不过数事，如三纲、五常、天叙、天秩之类"，"盖君臣、父子、兄弟是内治，制度、纲纪是外治，内外相维持，皆不可欠缺"。① 他在此表明了秩序构造中精神德性和纪纲制度的相互维系作用。同时，他也强调纪纲制度中本身就存在内外维持的机制。吕祖谦认为："古之建国，天子必有诸侯，诸侯必有世家，世家之下又自有家臣之类，更相联络，更相维持，根盘节错，所以能久长。譬之如木有根有干，有枝有叶，自大而小，此理之必然。故上下亦相亲附，虽衰亡亦不至于遽。至秦以后，无复此意。后世君臣皆是暂时假合，若偶然相遇，初无悠久以相维持之志，故易于土崩瓦解，此不可不知也。"② 由吕祖谦《左传》对历史政治的考察，可见他反复考证和发掘周代典章制度，发现古代圣王立国讲求内外相维的政教机制。因此，他通过《左传》叙事追溯和透视三代圣王立国的历史政治经验，将天理良心、根本规模、纪纲制度、风俗教化等核心要素相互结合，形成了囊括立国根本规模和政教相维机制的治体论构造。

吕祖谦历史政治学视域中的治体论结构，虽然也继承了理学家治体论中关于治道和治人的论述，以作为公道公法的天理良心为最高政治宪则，但他也承认在具体历史情境和客观权力运作中，人性有其幽暗而制度有其复杂之处，并且肯定具体的"势"在成就理想秩序时的作用并思考其朝"理"转化的途径。春秋时候乱臣贼子迭兴的失败政治及其反面教训，能够很好地反映政治理论建构所面临的复杂性和应具有的幽暗意识。春秋时期礼崩乐坏的政治教训体现出的幽暗人性与制度缺失，对政治家和秩序参与者在具体情境中的德性做出了更高的要求，并且倡导建立维系政治文明体稳固和良性发展的政教机制，以便能够处理礼崩乐坏中的政治风险并且拨乱反正回归文明常道。因此，吕祖谦根据此种要求提炼关涉立国根本规模的治体构成要素，对理想的治体结构及其蕴含的政教机制进行系统构造。历史上理想的治体必须有源自天理道义的最高正当性，以奠立国家根本宪制为主要目标，其关键构成要素包括根本治道原理、政治家的德性与素养、中心治理秩序的法度建制，以及远离政治权力的社会风俗教化。这些主要治体要素在立国创制的关键时刻特别能够凸显各自的作用，它们相互维系共同构成了理想政治秩序的治体规模结构和秩序生成机制。

吕祖谦接续历史政治中的经制传统，回溯宋代宽大忠厚、礼逊节义的治体源

---

① 吕祖谦：《左氏传续说》卷一，《吕祖谦全集》第18册，浙江古籍出版社2017年版，第4页。
② 吕祖谦：《左氏传续说》卷一，《吕祖谦全集》第18册，浙江古籍出版社2017年版，第11页。

流，探索重塑立国根本规模和推动政治文明演进的可能途径，倡导实现中心政治秩序架构和外围风俗教化系统的内外相维和互促共生。在根本治道原理体现天理道义、符合普遍人心的前提下，理想政教模式的实现需要超越具体的制度安排和权力运作，在深厚的历史传统和广大的社会空间，统筹和兼顾政治中心的宪章规模创制和社会维度的风俗教化养成，并且在治道、治人、治法相互融合的维度，统合治体要素中的天理良心、根本规模、纪纲制度、风俗教化，使之形成内外相维系的理想政教形态和秩序生成机制。这种政教模式及机制呈现出政治与社会相维、权力与教化共生、庙堂与民间互动的张力结构。其中，政治家应该思考的是如何养成治道的宽大和温裕、厚植国家的根本和规模、实现教化的深厚与醇美。这种根本规模与风俗教化内外相维的治体结构蕴含着二重性思维，经制成法与精神德性彼此支撑而共同维系，形成了统合理学与经制事功学的治体论系统。其特色在于，不仅将立国根基落实于中央庙堂秩序建制，也对远离政治中心的社会维度进行开启，倡导涵养风俗教化、激活政治生机而厚植国家元气。如此，宋代儒家对理想政治秩序的建构，从强化王者权力而巩固中央集权政治体制，到体认天理公道而自觉地奠定理学治道原理，再到构造中央庙堂治法秩序而完成纪纲法度的创制，最后到统合政治中心与社会维度而形成内外相维的政教机制，有着从强化王者政治权威到厚植国本宪章、从政治中心建设到社会维度发育的转向。此种立国根本规模与政教维系机制，是吕祖谦反思历史政治而提炼出的文明宪度。他发掘情伪、洞察正邪而建构出的治体论体系，既是对三代以降治体演进源流的反思和省察，也是对宋代政教传统中良法美意的体认和守护，有着高度的国本意识自觉。

实际上，吕祖谦所讨论的理想治体或立国规模的问题，在南宋政治思想史中已有着系统的总结。在南宋吕中所作的《类编皇朝大事记讲义》① 中，提出了以治体、制度和国势三个范畴来理解宋代政治史的观点：治体由仁意精神和纪纲法制共同构成，而制度包含了宏观的规模大意与具体的规范建制。基于此，治体、制度对国势的强弱有决定性意义，而治体、制度和国势则在总体上决定国家的治乱与国祚的长短。其中，治体是制度建设的根本依托，对国势有决定性的作用，

---

① 郭畑：《〈宋大事记讲义〉成书考论》，《北京社会科学》2021年第7期。

其纯驳与否直接影响到国祚长短。① 在该书所体现的政治思想中,理想的治体是"仁意浃洽"与"纪纲整肃"相结合,以仁意精神为本而以纪纲法制为辅。作者对宋代立国的治体表现出高度的自信:"我朝治体之所以远过汉、唐者,盖其仁意常浑然于纪纲整肃之中,而纪纲常粲然于仁意流行之地。"② 在其政治史叙事里,宋代治体传统中有着"以仁立国"的根本家法,激进变法和权臣刚断使得纪纲废弛而无以达其仁意,最终造成连忠厚立国之仁意也失掉了。该书检讨宋代政治史上破坏纪纲和动摇国本的历史政治实践,倡导培育和扶持宋代立国之治体,应该做到"厚仁意于纪纲整饬之中,振纪纲于仁意流行之际"③。吕祖谦此种以立国根本规模为中心政治安排,以社会风俗教化系统为外围辅助系统,二者相互维系共同促进的治体架构及其秩序机制,与该书倡导的以仁意精神为立国根本而辅以纪纲法制的治体论,在思想上若合符节,体现了南宋立国思想家们保守成宪的持重而稳健的思想气象。

吕祖谦统摄性命、经制、事功之学,④ 以对历史政治的评论阐发其治体论,其思想中有基本秩序、理念、结构及历史性变动的视野,⑤ 对宋代治体的反思体现了立国思想家对于政治变革的不懈追问。⑥ 他的《左传》学研究,在《春秋》代表的王道理想和《左传》体现的历史实践之间,统合经史,发掘经制,"通古今为一时,合彼己为一体"⑦,为宋代立国创建了理想治体模式及政教机制。他基于《左传》经史之学,追溯华夏立国过程中的宪章统绪和治体源流,倡导在政治权威中心和民间社会维度共同塑造理想的秩序模式,为南宋重新立国和复兴三代之治提供了理论资源。他在充分尊重和吸取当代祖宗之法中政治经验的同时,将三代王道精神具体落实在天理良知、根本规模、纪纲制度、风俗教化等维度。如此,

---

① 吕中在《国势论》中认为:"国之修短,当观其治体;治乱,当观其制度;强弱,当观其国势。殷、周治安皆千岁,而汉、唐享国,不及三四百年者,治体之有纯驳也。汉四百年,治多而乱少,唐三百年,乱多而治少者,制度之有疏密也。汉、唐多内难,而无外患,本朝无内患,而有外忧者,国势之有强弱也。盖我朝有唐、虞、三代之治体、制度,而无汉、唐之国势。"参见吕中《类编皇朝大事记讲义》卷一《国势论》,上海人民出版社2014年版,第42页。
② 吕中:《类编皇朝大事记讲义》卷一《治体论》,上海人民出版社2014年版,第36页。
③ 吕中:《类编皇朝中兴大事记讲义》卷十五,上海人民出版社2014年版,第672页。
④ 黄宗羲原著、全祖望补修:《宋元学案·说斋学案》,中华书局1986年版,第1954页。
⑤ 任锋:《立国思想家与治体代兴》,中国社会科学出版社2019年版,第302页。
⑥ 任锋:《立国思想家与治体代兴》,中国社会科学出版社2019年版,第307页。
⑦ 吕祖谦:《东莱吕太史别集》卷十三《春秋讲义》,《吕祖谦全集》第2册,浙江古籍出版社2017年版,第501页。

使得政治建设非流于王道口号的宣扬和王权实体的强化，也超越了道学家辅养圣德、致君行道的狭窄道路，突破了专注于治人主体的缺陷以及由内圣而外王的思想困境。吕祖谦将道德性命之学与经制事功学统合在治体论架构中，兼取了理学治体论与经制事功学治体论的优长，既"避免理学走向独断而浪漫的道德理念主义"[1]，同时也防止了经制事功学走向庸俗实用化的功利主义。这种统合性视野中"内外相维持"的秩序理念，"有益于克服化约主义或决定论的政治思维"[2]。由以上论述，可见吕祖谦基于经史之学对宋代儒学所做出的学术贡献，也可见其宏阔的经世关怀中具有深刻的政治理论自觉。

---

[1] 任锋：《立国思想家与治体代兴》，中国社会科学出版社2019年版，第307页。
[2] 任锋：《立国思想家与治体代兴》，中国社会科学出版社2019年版，第307页。

原型和奠基：古代中国和两波世界性官僚化浪潮
——官僚制起源与世界传播的历史政治学考察

黄 涛[*]

[内容提要] 官僚制是现代国家机器的主体内容和基本组织形式，其形成和全球扩散经历了复杂的文明互动和长期的历史过程，但都离不开古代中国。大约自公元前40世纪至公元前3世纪，世界上出现了第一波官僚化浪潮。中国于周秦之变中形成大一统君主官僚制国家，成为这波世界官僚化浪潮的最高峰，汉唐继承完善，并逐步塑造中国周边国家和东亚国家的国家形态。大约16世纪以来，中西出现文明交流和碰撞，在持续两百多年的东学西渐中，中国的官僚制和韦伯式现代国家机器传入欧洲，并在长期战争和工业革命中完成升级，构成西方现代国家的核心要件。此后，随着西方的扩张、侵略和殖民，穿上工业文明外衣的官僚制和现代国家机器向全世界扩散，并倒灌入中国，重塑了中国的官僚制和国家机器，形成世界第二波官僚化浪潮。尽管欧洲最早完成现代国家构建，但中国是全世界官僚制和现代国家机器构建的先行者和奠基者，官僚制和现代国家机器的原型在古代中国。正如古希腊贡献了民主制、古罗马贡献了法治和共和制，古代中国贡献了官僚制和现代国家机器——现代国家的核心支柱之一，奠定了世界政治文明的永久基础。中华民族是世界政治文明的主要供给者之一。

[关键词] 周秦之变 大一统君主官僚制国家 现代国家机器 世界官僚化浪潮 世界早期官僚制文明带

---

[*] 黄涛，中国人民大学国际关系学院"现代国家历史与理论"工作坊研究人员，中国人民大学政治学博士。

一　问题的提出

官僚制是有效解决国家组织问题的最佳方式,是人类社会走向更高阶段的基础性制度,是现代国家的首要部件,是人类政治文明的最璀璨明珠之一。"世界上很多国家的内阁机构的设置相同或基本相同。考察北美、欧洲和亚洲主要国家的内阁机构,可以看出它们中有三分之一名称和职能相同,三分之一名称和职能基本相同。"① 当今世界,几乎所有国家都有由外交部、财政部、国防部、内务部、司法部等众多政府部门(名称未必完全一致)组成的中央政府或者联邦政府,都有外长、财长、央行行长等。全球治理中有G20财长和央行行长会议、七国集团外长会议、阿拉伯国家外长会议、亚信外长会议等由不同国家同一类型的政府部门首长参加的专门会议。概言之,官僚制成为不同文明不同地区的现代国家的共同结构,全世界的国家机器变得越来越像。那么,从世界范围来说,官僚制从何处起源?在何种文明中第一次出现官僚制?不同国家之间的官僚制为什么越来越像?是否存在内在联系?中国是否为世界上第一个发明官僚制的国家?如果是,出现于何时?原因何在?中国在世界官僚制历史上居于什么地位?世界不同国家的官僚制是否和中国有关?人类围绕官僚制展开了哪些互动和交流?这些互动和交流有何规律?官僚制和现代国家机器、世界现代化历史是何关系?这些无疑都是国家理论研究和世界政治史研究的重大问题。

按照马克斯·韦伯式的现代国家定义,周秦之变中诞生的大一统中央集权君主官僚制国家(简称君主官僚制国家或大一统君主官僚制国家)拥有全世界最早的现代国家机器,是现代国家机器的古老原型。② 美国政治学学者弗朗西斯·福山说:"我们现在所理解的现代国家元素,在公元前3世纪的中国业已到位。其在欧洲的浮现,则晚了整整一千八百年。"③ 政治学学者任剑涛亦指出:"当代政治学家在研究政治秩序起源的时候,指出现代国家依靠三根支柱而挺立。古代中国提供了其中一根支柱,那就是行之有效的官僚行政体系,而这正是秦朝对人类做出的最伟大贡献。

---

① 左然:《国外中央政府机构设置研究》,《中国行政管理》2006年第4期。
② 关于君主官僚制国家内涵的描述,参见黄涛《秦始皇统一中国》,载俞可平主编《政治通鉴》(第一卷),中国大百科全书出版社2020年版,第103—144页。
③ [美]弗朗西斯·福山:《政治秩序的起源:从前人类时代到法国大革命》,毛俊杰译,广西师范大学出版社2014年版,第24页。

由于后来中国没有建立法治和责任制政府，所以成不了完整意义的现代国家。"① 百代皆行秦政法。周秦之变中形成的大一统君主官僚制国家在中国传衍了两千多年直至清朝灭亡。美籍华裔历史学学者何炳棣认为，"就全部传统中国历史而言，真正最大之事应是秦专制集权统一郡县制大帝国的建立及其传衍"②。周秦之变中形成官僚制和具有现代性的国家机器，不断向世界传播，对世界政治文明产生深远影响。当然，1912年之前的中国本质上是带有大量现代国家特征的古代国家，而非现代国家。当前无论是历史学者，还是其他社会科学学者，都很少专门讨论古代中国对于世界官僚制形成和发展、世界现代国家构建的影响。③ 鉴于此，本文拟基于历史政治学进路展开专门研究，以求从人类文明互动视角揭示古代中国与世界官僚制、现代国家机器的关系，并由此思考中华文明和世界历史进程的关系。

表1　　　　　　　　　　　　国外各类机构设置比较

国家	政务类部门	经济类部门	社会类部门
英国	国防部，外交和联邦事务部，内政部，司法部，财政部，苏格兰事务部，威尔士事务部，北爱尔兰事务部	运输部，商业、企业和规划改革部，国际发展部，环境、食品和农村事务部	创新、大学和技能部，文化传媒和体育部，卫生部，社区和本地行政部，就业和退休保障部，儿童、学校和家庭部
德国	国防部，外交部，内政部，司法部，财政部	交通、建设和住房部，经济合作和发展部，消费者保护、食品和农业部，经济技术部，环境、自然保护和核安全部	教育和研究部，卫生部，健康和社会安全部，联邦家庭、老年人、妇女和青年部
法国	国防部，外交部，内政和国土资源部，司法部，公职部	交通、装备、旅游和海上事务部，经济、财政和工业部，农业、渔业部，中小企业、商务、艺术家和自由职业者部，环境和可持续发展部	就业、社会和谐和住房部，国家教育、高等教育和研究部，文化和交流部，健康和团结部，青年、体育和联络部
日本	总务省，外务省，法务省，财务省，防卫省	国土交通省，经济产业省，农林水产省，环境省	厚生劳动省，文部科学省

---

① 任剑涛：《经与经典：儒家复兴的经学、哲学与史学之途》，《诗书画》2015年第3期。包刚升对官僚制亦有扼要讨论，参见包刚升《抵达：一部政治演化史》（上），上海三联书店2023年版。
② 何炳棣：《国史上的"大事因缘"解谜：从重建秦墨史实入手》，载何炳棣《何炳棣思想制度史论》，中华书局2017年版，第396页。
③ 历史学者阎步克认为中国古代官僚制很发达，"没有任何一个国家，在品级衔号的复杂性、精致性和连续性上，能跟中国相比。然而西方社会学、行政学、组织学等，是在西方的历史经验上发展出来的，所以在这方面所累积的理论工具，并不足以充分解释中国古今的品级衔号。这里有一个很大的灰色区域，可供中国学人发挥才智发展理论"（参见阎步克《一般与个别：论中外历史的会通》，《文史哲》2015年第1期）。

续表

国家	政务类部门	经济类部门	社会类部门
俄罗斯	国防部，外交部，内务部，司法部，财政部	交通部，经济发展和贸易部，工业和能源部，自然资源部，农业部，区域发展部，通讯和信息技术部	紧急情况救援部，教育和科学部，文化和大众传媒部，卫生和社会发展部
美国	国防部，国务院，财政部，内务部，司法部，国土安全部	交通部，能源部，农业部，商务部，住房和城市发展部	劳工部，教育部，卫生和公共服务部，退伍军人事务部

来源：参见沈荣华《国外大部制梳理与借鉴》，《中国行政管理》2012年第8期。

二 官僚制和现代国家机器的定义与重要性

（一）官僚制的定义与重要性

官僚制必须有严格定义，否则作为学术概念就没有意义。马克斯·韦伯认为现代官僚制具有六个特征，包括官职权限法定，官吏之间的等级化隶属关系，书面文件和文员作为官吏体系运作基础，对官员的专业化训练，官员全身心投入公务，对官员的专业管理及官员具备专业知识。[①] 英国学者芬纳认为："现代官僚机构往往会有以下几个特征：等级分化；长期起作用；不同领域的专业化；教育和职业上的资格；全职并领薪酬；受规则的约束。"[②] 笔者接受这两个经典定义，同时认为官僚制除了应该具备这两位学者提到的所有要素，还应当包括官职向全社会绝大多数人开放，以能力主义、功绩主义为国家政权体系的基本准则，官职不能世袭继承等。

在人类社会早期的演进过程中，不同地区的不同国家在不同阶段都不同程度地出现了官僚因素、官僚化现象。职业化、专门化的管理者和管理机构是官僚化的标志性特征。当然，官僚因素、官僚机构、官僚化并不等于官僚制，只有官僚机构等级化且形成复杂的体系，官僚的选拔和任用依靠能力和功绩而非血缘，官僚是受过专门训练的，官僚体系是对全社会开放的，官僚体系的运行主要依靠理性和法律或者法律性质的规则时，才符合官僚制的基本条件。总之，本文中的官僚制是广义的，既包括狭义上的官僚制，还包括中央集权制度、常备军制度、郡

---

① [德]马克斯·韦伯：《经济与社会》（第二卷·上册），阎克文译，上海人民出版社2010年版，第1095—1097页。
② [英]塞缪尔·E.芬纳：《统治史（卷一）：古代的王权和帝国——从苏美尔到罗马》（修订版），王震、马百亮译，华东师范大学出版社2014年版，第66页。

县制等，指向的是高效、理性、制度化组织国家政权的一整套制度、机构和方式。

官僚制是现代国家机器的基本组织方式，是福山所谓的人类社会政治秩序三大核心支柱之一的国家的主体。现代国家理论的主要奠基人德国学者马克斯·韦伯认为："国家是这样一个人类团体，它在一定疆域之内（成功地）宣布了对正当使用暴力的垄断权"，"国家是一种人支配人的关系，而这种关系是由正当的（或被视为正当的）暴力手段来支持的。要让国家存在，被支配者就必须服从权力宣称它所具有的权威"。[①] 他这里的"国家"实际上就是现代国家。这个定义被社会科学界普遍接受。马克斯·韦伯将官僚制视为现代国家的主要基础。他指出："大规模的现代国家绝对要依赖于一种官僚制基础。国家越大，而且越是要成为一个强国，就越是要无条件依赖这个基础。"[②] 经过马克斯·韦伯的贡献，现代国家现在普遍被认为首先（甚至主要）是以官僚制为基础的国家机器。这一点意大利学者波比奥说得很清楚：由于韦伯对于现代国家形成的观察，"诞生了现已成为老生常谈的一个韦伯式概念——现代国家是通过两种必要的构成性要素获得定义的：一个有能力支持公共服务诸部门的管理机器的存在，以及对于暴力的一种正当垄断"[③]。

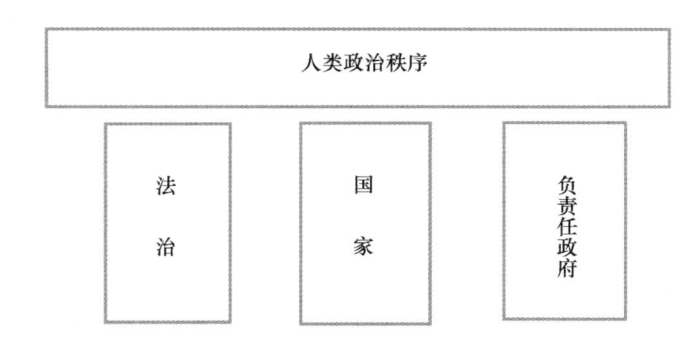

图1 福山的人类社会政治秩序三大核心支柱

图来源：据美国学者福山观点制作。这里的"国家"指以官僚制为基础的国家机器。[④]

---

① ［德］马克斯·韦伯：《学术与政治》，冯克利译，商务印书馆2018年版，第44—45页。
② ［德］马克斯·韦伯：《经济与社会》（第二卷·上册），阎克文译，上海人民出版社2010年版，第1110页。
③ ［意］诺伯特·波比奥：《民主与独裁：国家权力的性质和限度》，梁晓君译，吉林人民出版社2011年版，第61—62页。
④ 参见［美］弗朗西斯·福山《政治秩序的起源：从前人类时代到法国大革命》，毛俊杰译，广西师范大学出版社2014年版，第9—29页。

(二) 现代国家机器定义与重要性

"现代化（mordernization）是一个描述人类社会从传统向现代转型的总体性概念，是一个标识人类文明演进和发展趋势的核心概念。"① 完成现代国家构建、推进现代化是当今世界所有国家的核心使命。现代国家构建包括国家机器现代化、国家和人民关系现代化、社会和阶级结构现代化、国家统治方式现代化、国家经济形态现代化，并称人类现代国家构建的五座"珠穆朗玛峰"或者五大普世性难题。这五大核心要素就是现代国家的"四梁八柱"。② 国家机器现代化的核心内容包括两个方面。首先，建立中央集权的理性的国家机器，形成严格意义上的完整的官僚制。其次，形成强大的国家基础能力和国家强制能力，包括强大的财政汲取能力、动员能力、管控能力、治理能力、渗透能力、合法化能力、国防能力等。后者需以前者为基础。形成理性高效、分工精细、官僚制运作的强有力的国家机器，在当代世界看起来很是平常，但它曾是人类最稀缺的政治成就之一，只有极少数发达文明才有这种成就。③

尽管现代国家建构有五大核心维度，但以官僚制为主体的国家机器现代化具有基础地位，是优先议题，深度塑造现代国家构建的其他四大维度。从历史经验看，不优先完成国家机器现代化是难以驾驭经济形态现代化的，也会使得民主化、高社会流动、法治化、世俗化、理性化等现代国家的其他要素变成脱缰野马。很多学者以工业化为现代化的起点，但很多关键性现代国家要素更早就出现了。

三　世界第一波官僚化浪潮

作为人类社会的高级复杂事物，官僚制的出现不是一蹴而就的，而是数千年政治和社会进化的产物，且其产生具有一定的偶然性。出现官僚因素和官僚化现象是形成官僚制的重要基础，但不是所有的国家都能够自发形成严格意义上的官

---

① 赵义良：《中国式现代化与中国道路的现代性特征》，《中国社会科学》2023年第3期。
② 论证过程详见黄涛《从天子诸侯制国家到君主官僚制国家——周秦之变的历史政治学阐释》，博士学位论文，中国人民大学，2022年，第58—66页。
③ 福山提出"国家为何不是普世共有"问题，他实际指的是"现代国家"的稀缺性。参见 [美] 弗朗西斯·福山《政治秩序的起源：从前人类时代到法国大革命》，毛俊杰译，广西师范大学出版社2014年版，第86—90页。

原型和奠基：古代中国和两波世界性官僚化浪潮

僚制。特别是，官僚制要求公职对全社会开放，实行能力主义，反对官职世袭，这对于绝大多数古代文明，都是不可能实现的，因为绝大多数古代文明都是崇尚血缘、等级森严的文明，只有秦朝及以后的中国是个特例。

本文的官僚化指的是官僚机构及其制度的发育发展和推广，是国家组织和治理方式的演化和发展，不是贬义色彩的官僚主义、官僚作风。浪潮指的是一种一定范围内出现的共同趋势和共同现象。世界官僚化浪潮指的是世界范围内出现的官僚机构及其制度的发育发展和推广、国家政权组织化程度提升的普遍性现象，本质上是人类理性化的过程。这是人类社会发展特别是人类政治进化的重要表现，反映了人类政治文明的相互联系、相互影响。现代国家很多都是大型国家，人口数千万数亿甚至十数亿，治理需求和治理难度都超出古代国家，且面临激烈国际竞争，没有以官僚制为主体的国家机器很难组织起来，也无法高效治理。我们在关注所谓的世界性民主化浪潮和退潮现象的同时，也应该关注国家机器的建构和发展问题，其中核心就是官僚化问题。①

德国哲学家卡尔·雅斯贝斯曾经询问历史以何种实质性事件而开始，并列举了几个最基本的事件。第一是"尼罗河、幼发拉底河、底格里斯河和黄河管理和灌溉的组织任务加强了集中、行政机构和国家的形成"，第四是"通过统治所有周围国家和统治游牧民族本身来防止游牧民族对文明国家的不断袭击，是产生世界帝国的起因。最先崛起的是亚述人和埃及人的世界帝国；接着是波斯人新形态的帝国；在这之后，印度人建立了他们的帝国，它或许以波斯帝国为模式；最后是华夏帝国的形成"。② 这里提到的地方都是早期人类文明的最灿烂之地。他提到的"加强了集中、行政机构和国家的形成"可以理解为这几个地方都自发涌现了官僚化浪潮。当然，有国家的地方一般都有官僚化的趋向，但未必都会形成官僚制。官僚制好比龙门，国家好比鲤鱼。鲤鱼也许都想跃龙门，但不会都成功。世界第一波官僚化浪潮大致从公元前40世纪的苏美尔城邦开始，这是一股在不同文明中自发出现的浪潮。周秦之际的中国是这波浪潮的最高峰，第一次形成了人类历史上首个完整的高水平的官僚制。这波浪潮的余波延伸至汉唐时期。

---

① 关于国家建设的重要性，可参见［美］弗朗西斯·福山《国家的构建：21世纪的国家治理与世界秩序》，黄胜强、许铭原译，中国社会科学出版社2007年版，"序言"第1页。
② ［德］卡尔·雅斯贝斯：《历史的起源与目标》，魏楚雄、俞新天译，华夏出版社1989年版，第56—57页。

(一) 夏、商、西周的官僚化现象

中华文明是以政治和国家为核心的文明,政治功能极其发达,这为中国最先出现官僚制和发达的国家机器创造了得天独厚的条件。在中国,夏、商、西周都有官僚化因子,商朝的官僚机构已经具有一定的规模。到了西周,已经形成了较为完善的、分工明细的官僚体系。周朝中央政府的规模并不是非常大,但职能却比较完整。"西周初期的职官名有不少来自殷商,但西周职官的系统化和制度化,则是殷商所无法比拟的。"① 周朝官僚体系在国家运作中发挥着重大作用。第一,周朝实行内外服制度,周朝官僚体系分为内服、外服官吏。第二,西周官僚体系是以周王为中心的金字塔式的官僚体系。在周王之下,有一个人数一般在1—3人的高级执政集团。这些人大致就是三公:太师、太保、太傅,或者是太师、太保、太史。历史学者杨宽认为:"西周王朝的主要执政者是'公'一级的太师和太史,而实际权力则掌握在太师手中,因为他既是军队的最高统帅,又是朝廷大臣的首脑",司马、司土(徒)、司工以及太宰、公族,都是"卿"一级的朝廷大臣,其官爵地位在太师和太史之下。② 三公之下有卿事寮、太史寮、内廷机构和管理宗族事务的机构。卿事寮是负责大多数行政事务、军事事务和司法事务的主要中央机构。太史寮是主管文化、宗教、历史、占卜、历法、人事等的中央机构,和卿事寮并列。这两者最重要。考古学者李峰指出,西周中期时中国政府发展成了一个官僚化机体,在春秋战国期间,地方封国逐渐向大的"领土国家"发展,并在扩张中出现了第二次官僚化,为秦帝国建立创造了条件。③ 周朝官员由贵族担任,实行世袭制,广大平民无权当官。因此,周朝并无真正意义上的官僚制。

(二) 秦朝在世界上第一次形成官僚制和现代国家机器

在夏、商、周1800余年早期国家的积淀基础上,秦朝(公元前221—公元前206年)形成了相当完备的官僚制,奠定了世界官僚制的基础。关于古代中国特别是秦朝或汉朝率先形成官僚制和具有现代性的国家机器,中外学人已有大量论

---

① 过常宝:《制礼作乐与西周文献的生成》,中国社会科学出版社2015年版,第63页。
② 杨宽:《西周史》(上册),上海人民出版社2016年版,第383页。
③ 李峰:《西周的灭亡:中国早期国家的地理和政治危机》(增订本),徐峰译,上海古籍出版社2016年版。

述。美国汉学家顾立雅（H. G. Creel）认为中国对世界的贡献不止造纸和火药，他最早提出近代欧洲和两千年前的中国在中央集权的官僚制的现代国家（"the modern, centralized, and bureaucratic state"）方面具有相似性，指出中国在中央集权的官僚制的现代国家上的贡献可能是中国做出的最重要贡献，韦伯认为官僚制的三个特征只有在现代国家才能发展，实际上在汉朝已经有充分发展。[1] 美籍华裔国际关系学者许田波认为，官职与官员的分离，根据客观和贤能标准来选拔和晋升官员的科层制，公开颁布的法律所具有的普适性和公平性，直接统治的能力，中国均先于欧洲两千年就发展起来了。[2] 政治学者郑永年认为："从秦始皇统一国家开始，中国尽管也有分裂的时候，但大多数时间里一直是统一而强大的国家。在很多方面，特别是在政治统治形式方面，中国的官僚体系是世界上最先进的。"[3] 历史学者卜宪群等认为，秦朝官僚体制"是世界上出现得最早、最完备的官僚体制，开创了此后中国两千多年专制主义中央集权官僚体制的基本模式，并对周边国家产生了重要影响"，"不仅给中国也给世界带来了难以估量的遗产"。[4] 美国经济学者安格斯·麦迪森认为："中国是采用官僚行政体制管理国家的先驱者之一。"[5] 美国汉学家费正清指出："旧中国皇朝的统治是发展得最彻底最巧妙的官僚体制。"[6] 社会学者周雪光指出："历史悠久、高度成熟的官僚体制是中华文明的一个独特现象，是国家治理在中国疆土上数千年延续至今的组织基础和具体体现。"[7]

1. 秦朝在全国层面建立庞大的官僚体系

战国时期，各主要诸侯国陆续变法，打破世卿世禄制，实行能力主义，官僚化得到极大加强。商鞅变法更为彻底，成为君主官僚制国家的探索性实践。这时，官僚制初步形成。到了秦朝，秦始皇在秦国既有政治制度的基础上，推行一系列

---

[1] H. G. Creel, "The Beginnings of Bureaucracy in China: The Origin of the Hsien", *Journal of Asian Studies*, XXXII, 1964, pp. 155–184.
[2] [美] 许田波：《战争与国家形成：春秋战国与近代早期欧洲之比较》，徐进译，上海人民出版社2009年版，第5页。
[3] 郑永年：《政治改革与中国国家建设》，《战略与管理》2001年第2期。
[4] 中国社会科学院历史研究所编：《中国通史（贰）：秦汉魏晋南北朝》，华夏出版社2016年版，第33—46页。
[5] [美] 安格斯·麦迪森：《中国经济的长期表现——公元960—2030年》（修订版），伍晓鹰、马德斌译，上海人民出版社2011年版，第2页。
[6] [美] 费正清：《美国与中国》（第四版），张理京译，世界知识出版社1999年版，第101页。
[7] 周雪光：《国家治理逻辑与中国官僚体制——一个韦伯理论视角》，《开放时代》2013年第3期。

制度创新，从中央到地方，一整套官僚体系建立起来，官僚制成为国家的基础性制度。秦朝中央官僚体系以"三公九卿"为主要结构。"三公"包括丞相、太尉和御史大夫，三者有着明确分工，各自为一个领域或者系统之首。秦朝设有左右丞相，相当于正副政府首长，乃百官之长，地位最为重要，掌握着行政权和司法权。丞相职权广泛，有规模庞大的丞相府。御史大夫主管监察，掌握监察权，在当时有副丞相之称，由皇帝的亲信担任，形成对丞相的制约。太尉主管军事，协助皇帝掌握军事权力，类似于国家军队的最高副统帅（皇帝是最高军事统帅）。"三公"之下设"九卿"。据历史学者林剑鸣研究，"九卿"实际之数不止九，包括奉常、郎中令、卫尉、太仆、廷尉、典客、宗正、治粟内史、少府、中尉、主爵中尉等。① 这些卿各有专业化分工，相当于中央政府具体领域的长官。这就构成较为科学完备的中央官僚体系。

秦朝实行郡县制，地方有完善的官僚体系。郡为地方政权的最高层级，全国有50多个郡。郡设有郡守，负总责，还设有尉、监等辅助和监督官员，由朝廷任命。《汉书·百官公卿表》称："郡守，秦官，掌治其郡，秩二千石。有丞，边郡又有长史，掌兵马，秩皆六百石。"② 林剑鸣称，"守治民、尉典兵、监御史负责监督百姓及官吏"③。郡守、郡尉、监御史构成郡级政权的领导结构，其下有很多负责专业领域工作的官吏，分曹设置。郡守有辟除权，可自行配置幕僚属吏。郡守是郡的最高长官，统辖郡内各县，但无权任免县长或是县令。郡之下为县。县为一级政权，有着较为完备的官僚体系。秦县有1000个左右。县下为乡。乡为一级政权机关，有"三老"，有秩、啬夫、游徼，各有分工。乡之下有亭。亭是政府派出的治安机构。十里一亭、十亭一乡的制度设计，以及更大范围的郡县体制，使得整个国家都处在近乎网格化的国家制度体系中。

秦朝官职数量尚缺权威精准统计，但据已有研究来看，已经是一个庞大的数字。别林斯顿（H. Bielenstein）认为中国在公元前2年建立的官僚机构职位总数已有130285个。④ 这是一个重要参考。汉承秦制，加上秦朝官僚统治非常缜密，笔

---

① 林剑鸣：《秦史稿》，上海人民出版社1981年版，第360页。
② （汉）班固撰、（唐）颜师古注：《汉书·百官公卿表》，中华书局1962年版，第742页。
③ 林剑鸣：《秦史稿》，上海人民出版社1981年版，第365页。
④ H. Bielenstein, *The Bureaucracy of Han Times*, Cambridge: Cambridge University Press, 1960, p. 46, 转引自［英］塞缪尔·E. 芬纳《统治史（卷一）：古代的王权和帝国——从苏美尔到罗马》（修订版），王震、马百亮译，华东师范大学出版社2014年版，第510页。

者估计秦朝官僚机构职位总数在13万左右或更多。① 湖南大学陈松长等学者在《秦代官制考论》一书中收录了2000—2014年所公布秦文字资料中的县及以上级别的官职和官署名称。其中,"秦玺印封泥所见职官官署名"表就列出了安居室丞、安台居室、巴左工印等332种。② 傅家仪编著的《秦封印泥彙考》一书列举了434种秦封印,包括左右丞相印、御史之印,也包括中车府印、西陵丞印等各种封印,范围非常之广。③ 由此可见,秦朝官职数目繁多、分工细化,官僚成为国家的支配性力量,官僚体系是一个庞大而精致的复杂体系,成为国家运作的骨架体系。

2. 秦朝官僚制的七大特征

作为世界最早的官僚制,秦朝官僚制具备发达的机构和明显的特征。其主要特征以下七个。

第一,秦朝官僚体系是以中央集权、职能分工、分级管理为原则进行构建的,以律法为运行准则,是一个高效、理性、专业、高度分工、非人格化的官僚体系,这个官僚体系所围绕的核心是最高统治者皇帝。

第二,秦朝官僚体系中有三大系统,分别为政府(行政)系统、军事系统、监察系统。政府(行政)系统居于中心地位。军事和监察成为单独的系统。监察系统成为政府(行政)系统的重要制衡。

第三,存在国家元首和政府元首的明确分工,设立政府元首和专门处理政府事务的丞相府。秦朝总结历史经验,实行由政府元首统领政府系统并对国家元首负责的制度。秦朝丞相制度是对中国传统政治经验的总结,亦是中国早期官僚化因素发展演变的飞跃。虽然皇帝是最高统治者,拥有最高的政治、军事、外交、意识形态等各方面权力,但他不垄断性地行使这种权力,而是和官僚系统共同行使这种权力。辅佐皇帝处理政务的丞相,为政府元首。丞相是实权人物,一定程度上构成对于皇权的制约。

第四,实行文官统治原则,推行以文驭武。国家的暴力资源都由皇帝、中央政府以及受到其有效领导的地方政府领导,处于文官领导下。秦朝丞相是文官,

---

① 有研究称1901年英国文官人数为116413名,数量未达秦汉规模。这相差2000余年。参见 G. Drewry, T. Butcher, *The Civil Service Today*, Oxford: Basic Blackwell, 1988, p.48, 转引自阎照祥《英国政治制度史》,人民出版社2012年版,第426页。
② 陈松长等:《秦代官制考论》,中西书局2018年版,第97—111页。
③ 傅家仪编著:《秦封印泥彙考》,上海书店出版社2007年版。

管理国家是主要职责。在地方，军事官员地位低于地方行政首长并受其节制。在郡一级，郡守是地方总负责人，郡尉是地方军事官员，受到郡守节制。①

第五，官僚是国家中心力量，官僚权利和义务高度关联。官僚是社会的支配性阶层和国家中心力量，是社会的管理者、仲裁者，享有较高的地位和待遇，宗教人士、商人等其他阶层不能凌驾于官僚之上。法律对于官僚的要求非常严格，高于普通民众。官僚必须比民众承担更多的责任，失职和违法将受到惩处。

第六，官僚体系的运作、管理和考核遵循法家的明赏必罚、律法治国的思想，责任制、奖优罚劣、全国标准统一、赏罚由法律明文规定等原则都被用到管理中。

第七，官职对全社会绝大多数成员开放，平民凭借耕战的成绩获得爵位和官职，能力主义、功绩主义是社会主流价值和基本规则，贵族和世族无功不受禄，家族世袭主义居于次要地位。此外，秦朝官僚制还有实行官员薪酬制，官职数量庞大、结构复杂，贵族规模极小等特点。

（三）苏美尔、古埃及等重要国家和文明的官僚化现象

以政治为业的、领取俸禄的政治家和职业化官僚的出现以及其成为国家的主体性政治结构和治理体系的主干，是人类社会分工的深化、人类社会职能分化的产物，是人类政治文明史上的重大事件。笔者在跨国比较中发现，古代比较优秀的国家，都不同程度存在官僚因素，东方国家在官僚化上要比古希腊、古罗马等西方国家程度要高。秦汉甚至西周时期，中国官僚数量之多、种类之多、分工之细化、地位之重要、记录之详细，是同时期其他多数古代文明无法望其项背的。这里扼要介绍若干有代表性的古代国家。

1. 苏美尔城邦

世界上最早的国家形式是苏美尔城邦。苏美尔城邦规模很小，属于早期城邦国家，实行神圣君主制，"另一个并行不悖的特征是大量官僚机构的存在。正如所有体系都必须如此一样，国家拥有永久性的管理机器，在文件、宗卷、档案及其往复基础之上运作。官僚机构的上层包括宫殿和神庙中的抄写员、会计。由于书写技艺需要较长时间才能学会，因此，与那些门房、搬运工、苦力相比，这些人

---

① 黄涛：《君主官僚制国家、官僚化浪潮和现代国家破晓——秦朝国家形态的内涵、历史定位和世界意义》，《世界政治研究》2022年第1辑。

只是少数"①。不过，苏美尔并没有发育出官僚制。

2. 古埃及

古埃及是非常重要的古代国家。关于古埃及官僚机构的历史材料并不多。埃及古王国（公元前1991—公元前1785年）"由中央官僚机构来治理，除了各种名号之外，我们对其知之甚少。而且，它们往往只是一些没有职责权限的头衔"，"这一体系的高级职位高度依赖世袭。虽然部门是专业的，但部长们却不是"。② 高级职务高度依赖世袭违背官僚制的基本要求。乔治·罗林森指出，古埃及社会阶层等级森严，有大量贵族，一般都是大地主，有众多随从奴仆；有不少官僚，部分就职于法庭，也有全国各级政府要员，自认为高人一等，属于人上人；军队的统领职位常常是给贵族的赏赐；此外还有文人阶层，受人尊敬，但他们瞧不上商人和手艺人；最底层是劳苦大众，自称"草民"，上流社会对各行各业的劳动者嗤之以鼻，认为他们根本不值得尊敬；大多数埃及人都是子承父业；劳动阶层子弟成为帝国统治最高级别的官员并没有障碍。③ 从这种描述来看，古埃及社会流动性弱，官僚来源于少数阶层。已有研究大致可以证明，古埃及是官僚化程度比较高的古代国家，实行中央集权制度，官僚是世袭的，始终没有受到专业训练的领取俸禄的体系化的非世袭职业官僚，没有发展出真正的官僚制。

3. 波斯

波斯是古代世俗化和官僚化程度都比较高的国家，拥有较大规模的官僚机构，国家规模达到帝国级。"波斯帝国没有祭司阶层，朝廷由许多高度组织化的官僚机构组成，地方的自我管理能力高度发达。有一点是其他帝国所没有的，那就是各地十分发达的世袭贵族。朝廷正是通过这些贵族进行统治的，而不是通过官僚机构或者祭司阶层。"④ 波斯依靠大量世袭贵族进行统治，官僚化亦很不彻底，不符合严格的官僚制的定义。

---

① ［英］塞缪尔·E. 芬纳：《统治史（卷一）：古代的王权和帝国——从苏美尔到罗马》（修订版），王震、马百亮译，华东师范大学出版社2014年版，第109—110页。
② ［英］塞缪尔·E. 芬纳：《统治史（卷一）：古代的王权和帝国——从苏美尔到罗马》（修订版），王震、马百亮译，华东师范大学出版社2014年版，第163页。
③ ［英］乔治·罗林森：《古代埃及史》，王炎强译，商务印书馆2022年版，第23—24页。关于古埃及历史可参阅［美］詹森·汤普森《埃及史：从原始时代至当下》，郭子林译，商务印书馆2012年版。
④ ［英］塞缪尔·E. 芬纳：《统治史（卷一）：古代的王权和帝国——从苏美尔到罗马》（修订版），王震、马百亮译，华东师范大学出版社2014年版，第334—335页。关于波斯历史可参阅［伊朗］阿卜杜·侯赛因·扎林库伯《波斯帝国史》，张鸿年译，复旦大学出版社2011年版。

4. 古希腊和古罗马

古希腊（公元前 800—公元前 146 年）是西方古典文明的代表。在世界第一波官僚化浪潮中，古希腊官僚化程度比较低。古希腊重在民主制度，强调直接参与，人口规模极小，无法养活太大的官僚机构，根本就没有官僚制发展的太多空间。古希腊城邦绝大多数不超过方圆 25 华里。① 古希腊九成以上的城邦从人口和面积来看，大体仅相当于中国今天一个人口密度较低、面积稍大的乡镇规模。② 根据摩根·汉索的研究，雅典作为古希腊最大的城邦，在公元前 4 世纪的行政官员大约有 700 人。③《雅典政制》提到的官职名称在三十种以下。④

古罗马（公元前 753—公元 476/1453 年）是西方文明的辉煌所在。古罗马有漫长的历史、超大规模国家的实力，但总体上是世袭性贵族政治、军事征服型统治，在官僚化上并不见长，官职具有临时性、无偿性、零散性等特点，没有形成官僚制。芬纳指出：罗马共和国时期，"罗马的政治过程是世袭的服务贵族和人民大众之间的辩证互动，没有职业化的祭司阶层，没有职业化的官僚集团，也没有职业化的军队"；他在阐释古罗马帝国和汉朝的区别时，强调两者的一个不同"在于罗马几乎没有领受俸禄的专职官僚"，和汉朝官吏比起来，罗马官僚数量微乎其微。⑤ 有专门研究罗马法的学者指出：罗马"共和国官制的基本特点是暂时性、集体性、任职结束后究责制和无偿性"⑥。无偿性首先就使得官僚制不可能发展起来。弗朗西斯·福山说："中国人建立了统一和多层次的官僚行政机构，这是希腊或罗马从未发生的。"⑦ 科层化、职业化、专业化、体系化、中央—地方官僚凭能力选拔、薪俸制、官僚的专门培训、官僚的非世袭性等这些官僚制的基本原则，在古罗马是稀缺的或者处于极低的发展水平。从官僚化程度而言，古罗马大约相

---

① 《顾准文集》，贵州人民出版社 1994 年版，第 4 页。
② 包刚升：《抵达：一部政治演化史》（上），上海三联书店 2023 年版，第 379 页。
③ [丹麦] 摩根·汉索：《德摩斯提尼时代的雅典民主》，何世健、欧阳旭东译，华东师范大学出版社 2014 年版，第 335 页，转引自李渊《先秦政治与古希腊城邦政治》，人民出版社 2020 年版，第 94 页。关于古希腊历史还可参阅 [英] 尼古拉斯·杜马尼斯《希腊史》，屈闻明、杨林秀译，东方出版中心 2012 年版。
④ [古希腊] 亚里士多德：《雅典政制》，日知、力野译，商务印书馆 1959 年版。
⑤ [英] 塞缪尔·E. 芬纳：《统治史（卷一）：古代的王权和帝国——从苏美尔到罗马》（修订版），王震、马百亮译，华东师范大学出版社 2014 年版，第 414 页，第 565 页。
⑥ [意] 朱塞佩·格罗索：《罗马法史》，黄风译，中国政法大学出版社 1991 年版，第 147 页；还可参见陈可风《罗马共和宪政研究》，法律出版社 2004 年版，第 63—89 页。
⑦ [美] 弗朗西斯·福山：《政治秩序的起源：从前人类时代到法国大革命》，毛俊杰译，广西师范大学出版社 2014 年版，第 88 页。

当于周朝的水平，甚至还不到。

概言之，古希腊、古罗马有官僚化因素，但无官僚制。古罗马衰亡后，欧洲进入"黑暗的中世纪"，进入封建国家状态，谈不上什么官僚制。总体上来说，在西方文明中，官僚制统治、科层化的国家机器是非常晚近的事物。中世纪以后的西方人从古希腊、古罗马那里继承的不是官僚制和科层化的国家机器传统，而是民主制、共和制和法治等。

5. 印度孔雀王朝

孔雀王朝（约公元前324—约公元前187年）是古印度文明的代表，存在时间大致相当于战国末期和西汉初期。它存在有限的官僚机构，但并没有形成官僚制。福山对此做过专门研究。他指出，秦汉建立官僚机器、统一文字和社会标准的事情在孔雀帝国发生的很少，"政府用人完全是家族式的，受种姓制度的严格限制"，"孔雀王朝从没建立强大的国家制度，也从没自家族政府过渡到非人格化政府"。① 种姓制度与官僚制的要求是高度违背的。

总之，在古代，国家建立后普遍出现了不同程度的官僚化因素，但大多没有形成官僚制，中国是一个例外。秦朝是世界第一波官僚化浪潮的最高峰。秦朝官僚制在非人格化机构设置、官职和官僚数量、官僚选拔任用、官僚运行的法律依据、官僚世俗化等方面都远远超过其他国家。② 从中国历史来看，中国最早形成官僚制并不难理解，也并非意外。作为轴心期的重要参与者，中国思想突破的一个突出领域是政治思想领域，而非神学和宗教领域。法家学说被视为人类保留下来的"第一套真正的国家理论"③ 就是一个例证。因此，中国最可能率先在政治上取得根本性突破。从某种意义上来说，中国轴心期的最重要政治成果之一就是官

---

① [美] 弗朗西斯·福山：《政治秩序的起源：从前人类时代到法国大革命》，毛俊杰译，广西师范大学出版社2014年版，第162—165页。关于印度历史还可参阅 [德] 赫尔曼·库尔克、[德] 迪特玛尔·罗特蒙特《印度史》（最新修订版），王立新、周红江译，中国青年出版社2008年版。

② 马克斯·韦伯认为中国官僚化机构要比其他古代国家完备，但出于西方中心主义偏见，不认为中国官僚制是一种现代类型，反而用"家产制国家""家产官僚制"等概念来认知古代中国。不过其论点已经遭到福山、顾立雅、许田波等学者的批评。韦伯观点参见 [德] 马克斯·韦伯《中国的宗教：儒教与道教》，康乐、简惠美译，广西师范大学出版社2010年版；[德] 马克斯·韦伯《经济与社会》（第二卷·上册），阎克文译，上海人民出版社2010年版。

③ 德国学者罗曼·赫尔佐克认为，法家学说是历史上保存下来的"第一套真正的国家理论"，西方的国家理论专家经过了很长时间才在法制国家问题上达到这一水平，西方是从16世纪起才出现这种理论的。参见 [德] 罗曼·赫尔佐克《古代的国家：起源和统治形式》，赵荣恒译，北京大学出版社1998年版，第260—262页。

僚制，就是中央集权、分工细致、配合高效、机构发达的国家机器。在轴心期末期的"普世性帝国"（秦朝、孔雀王朝、古希腊和古罗马等）① 中，中国是政治理性化和世俗化程度最高、国家机器最完善、直接统治程度最深的国家。

秦朝乃人类历史上前所未有的官僚国家，在官僚制方面遥遥领先世界其他国家。秦朝开启了世界官僚制国家的先河，成为世界官僚制的原型和奠基者，并通过后世王朝的继承、发展、传播，对世界官僚制演进和国家机器建构产生标杆性意义。因此，秦朝形成官僚制是世界政治史上最具影响力的伟大事件之一。

四 世界第1.5波官僚化浪潮

大约从西汉至15世纪，官僚制在中国得到稳定延续和发展，世界上有一些区域性的、零散的官僚化现象，比如古代东亚、奥斯曼帝国、中亚西亚局部地区的官僚化现象。中西交流因为蒙古人的远征而加强，"四大发明"得以传入欧洲，逐步产生巨大影响，欧洲各国旧政治制度和国家形态难以为继。本阶段介于世界第一波官僚化浪潮和世界第二波官僚化浪潮之间，尚未构成一波独立完整的世界官僚化浪潮，故称之为世界第1.5波官僚化浪潮。

（一）官僚制在中国的传承和发展

官僚制在春秋、战国时期萌芽并在秦朝形成后，就牢牢地占据着中国历史。中国国家几经摧毁，朝代不断更替，但官僚制和强大国家机器一再得到重建。韦伯指出："官僚制一旦完全得到确立，就会成为最难以摧毁的社会结构。官僚制是把社会行动改造为理性的有组织行动的特定手段。因此，作为理性组织权威关系的工具，官僚制曾经是，而且至今仍是官僚机器控制者头等重要的权力工具"，"彻底实现了官僚化行政的地方，随之产生的支配体系实际上是不可摧毁的"。②

秦朝官僚制和国家机器在汉朝得到发展，同时亦出现分封制大规模回潮，家

---

① 轴心期末期的强大帝国或者普世性帝国是卡尔·雅斯贝斯提出的重要概念，这是他对轴心期的另一重要观察。他认为轴心期的"结局起初是政治性的，在中国（秦始皇帝）、印度（孔雀王朝）和西方（希腊帝国和罗马帝国），几乎同时兴起了主要靠征服起家的强大帝国"（参见［德］卡尔·雅斯贝斯《历史的起源与目标》，魏楚雄、俞新天译，华夏出版社1989年版，第12页）。

② ［德］马克斯·韦伯：《经济与社会》（第二卷·上册），阎克文译，上海人民出版社2010年版，第1127页。

原型和奠基：古代中国和两波世界性官僚化浪潮

族血缘主义重新抬头，渗入并形塑官僚制。三国魏晋南北朝时期，官僚制有反复甚至退化，特别是西晋出现分封制回潮。这时中国多数时候处于分裂状态。隋唐宋时期官僚制得到极大发展，出现科举制，官僚制进化到成熟阶段。元明清时期，中国官僚制和国家机器有新演进和发展，总体上非常完备。蒙古人、满族人将自身民族特点带入中国官僚制和国家机器之中。明朝官僚制和国家机器受到了宗藩制度的塑造。总体上，秦朝以后的中国历朝，官僚制和国家机器都未脱离秦朝官僚制和国家机器的本质属性和核心结构，不同朝代呈现不同特点。

（二）世界早期官僚制文明带形成：东亚和中国周边的官僚化

官僚制是国家机器革命的产物，其一旦出现就必然释放巨大能量，必然会向世界传播，这是一条政治规律，也是人类社会发展的规律。中国官僚制不断向东亚和周边国家传播。马丁·雅克指出：在朝贡体系中，处于"大中华圈"的朝鲜、越南、日本等"受中华文明的影响最深，特别是文字书写体系、儒家文化及中国的治理和官僚模式"[①]。他提到官僚模式。中国的官僚制对于东亚国家有着几乎决定性的影响。古代多数东亚国家几乎照搬了中国的政府架构和官僚制。当代日本的很多官职和机构仍旧使用古代中国官僚制的特定用语。日本中央政府中的"省"和"厅"，东京都知事中的"知事"等，都源自中国历史上的官僚体系。东亚世界的官僚化现象可以称为东亚官僚化浪潮，是世界第一波官僚化浪潮的尾声、余波。福山说得非常直白："中国发明了现代国家，拥有世界上中央官僚体系的最古老传统，还将这个传统传给了近邻日本、韩国和越南。这个强大国家的传统让日本得以逃脱西方殖民。"[②]

受中国影响，东亚等（包括越南）的官僚制传统是全世界最根深蒂固的。在历史上，中国加上东亚以及中国周边，形成一条世界早期官僚制文明带，最宽时曾经达到约1400万平方公里，并且向更广阔的地带延伸。世界早期官僚制文明带奠基于春秋战国，形成于秦汉，成熟于隋唐，发展和初步扩散于宋元，鼎盛于明朝和清朝中前期（也正在此时对世界产生重大影响），清朝后期和民国时期遭到欧

---

① ［英］马丁·雅克：《大国雄心：一个永不褪色的大国梦》，孙豫宁、张莉、刘曲译，中信出版社2016年版，第242页。
② ［美］弗朗西斯·福山：《政治秩序与政治衰败：从工业革命到民主全球化》，毛俊杰译，广西师范大学出版社2015年版，第27页。

化的官僚制冲击，最终融入世界第二波官僚化浪潮中。它曾在官僚制和现代国家机器方面领先世界近2000年，像一把巨大的刀子从东向西插在亚欧大陆上，不断散发影响，中亚伊斯兰文明带曾削弱了其向西传播。在当代全球政治版图上，仍旧可以看到这条官僚制文明带的痕迹。

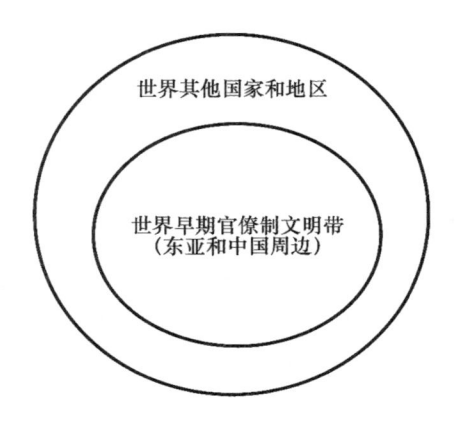

图 2　世界早期官僚制文明带和世界

注：图为笔者自制。

（三）东亚之外官僚化的重要代表：奥斯曼帝国

奥斯曼帝国（1299—1923年），鼎盛期领土超过550万平方公里、人口超过3000万人。它的官僚化程度在古代世界可能仅次于中国和东亚国家，具有中央集权、非人格化的特征，但其笼罩在伊斯兰教大背景下。其官僚化的出现比秦朝晚了1500年。本阶段其官僚化进程总体上是自身演化的结果，也不排除受到中国、古埃及、波斯等的影响。福山指出："征募制和军事奴隶制却是奥斯曼帝国最现代的特征之一。在功能上，它的目标与中国科举完全相同：都是国家非人格化招聘的来源，确保源源不断的候选人面对激烈的选择，只效忠于国家，与家庭和亲戚没有牵连，以攀高位。与中国相比，它比较不合理，因为它只允许外国人参与"，"从全球的政治发展而言，作为奥斯曼帝国核心力量的军事奴隶制只是一条死胡同……穆斯林世界之外的人，从未认为它是合法的"。[①] 总体

---

① [美] 弗朗西斯·福山：《政治秩序的起源：从前人类时代到法国大革命》，毛俊杰译，广西师范大学出版社2014年版，第204—207页。

来看，奥斯曼帝国尚未形成严格意义的官僚制。其担任政府官职和禁卫军的主体是外国人（从小被奥斯曼帝国收养、与原来的国家和家庭隔绝，从身份上来说属于奴隶），甚至苏丹本人也可能是奴隶母亲的儿子。① 这些是现代人难以想象的，也是不可持续的。官僚制的主体应该是本国人。由于基督教和伊斯兰教历史上长期的对立和竞争关系，以及奥斯曼帝国官僚文明自身的特点和缺陷，其对欧洲官僚制形成的影响有限。

（四）欧洲官僚制前夜：早期中西零散交流和"四大发明"传入欧洲

罗马帝国衰亡后，欧洲进入了中世纪。尽管也取得了一些政治进步，但中世纪欧洲是一个黑暗落后的封建时代，政治制度落后，小国林立，宗教主导政治，缺乏大型强盛国家。此时中西交流不多。蒙古人崛起后，推翻了金朝、西夏、辽国和宋朝等，建立地跨欧亚大陆的蒙古帝国，成为中西方交流的重要转折点。"蒙古帝国的大一统通过游牧文明串起了以波斯、中国为代表的定居文明的跨地域交流联动，改变了欧亚大陆的政治、经济、文化格局，甚至可以说当今欧亚大陆乃至世界的形势在某种程度上是由蒙古帝国的遗产所奠定的。"② 大约12世纪以来，在长期交流中，中国的"四大发明"相继传入欧洲。内外交困的欧洲文明正在寻找出路，"四大发明"对于欧洲来说可谓正确时间的正确事物。"四大发明传播到欧洲的时间却大致同时，即是在蒙古人通过三次西征而建立起跨欧亚大陆的超级大帝国的时代，是中西方文化大流动、大交流的时代，也即欧洲发生文艺复兴运动的前夜。正是在这样一个文化接触的汇合点上，四大发明发挥的作用和影响远远超出了其本身的技术性范围，成为刺激文艺复兴运动并为其推波助澜的外来力量。"③

蒙古帝国很快就陷入分裂，元朝（1271—1368年）、察合台汗国、金帐汗国和伊尔汗国各自为政，原先出现的中西交通通道受阻。崛起的奥斯曼帝国横亘在中西方之间，对欧洲文明长期保持进攻姿态并于1453年灭亡东罗马帝国。奥斯曼帝国掌控东西文明的陆上交通线达六个世纪之久。由于奥斯曼帝国和欧洲国家因

---

① ［美］弗朗西斯·福山：《政治秩序的起源：从前人类时代到法国大革命》，毛俊杰译，广西师范大学出版社2014年版，第172—207页。关于奥斯曼帝国政治制度还可参见［美］斯坦福·肖《奥斯曼帝国》，许序雅、张忠祥译，青海人民出版社2006年版。
② 武斌：《天下中国：世界文明交流互鉴的中国范式》，广东人民出版社2023年版，第236页。
③ 武斌：《天下中国：世界文明交流互鉴的中国范式》，广东人民出版社2023年版，第246页。

为宗教和政治经济利益处于对立甚至战争状态，中西交通并不通畅，在"四大发明"之外，西方人对中国的政治制度并不太了解。马可·波罗（1253—1324年）在13世纪的元朝来到中国。他在中国停留17年，撰写了《马可·波罗游记》，介绍中国，一开始西方人视之为荒诞不经，此后逐步引起西方人对中国的向往。"《马可·波罗游记》在欧洲广为流传，激起了欧洲人对东方的热烈向往，对以后新航路的开辟产生了巨大的影响。"① 地理大发现的一个重要目的是打通中西交通的海上通道。大约从16世纪开始，大量西方人来到中国。

（五）中国官僚制和国家机器在中亚和西亚的传播

在这期间，中国官僚制和国家机器还一度传到世界其他地区。这是世界早期官僚制文明带的短暂扩展。这里不说唐朝强盛期对于中亚的统治和影响，单说两个政权。其一，西辽（1124—1218年）。西辽是辽朝耶律阿保机的八世孙耶律大石出走后建立的政权，一度称雄中亚，政治制度延续汉唐以来的中原王朝制度，特别是模仿辽朝制度，使用中原帝王传统的帝号和年号，使用大量中国官职名称，具有强烈的中国特色。② 其二，伊尔汗国（1256—1335/1355年）。伊尔汗国由蒙古帝国分裂而成，为蒙古人在伊朗、土耳其、伊拉克、阿塞拜疆、亚美尼亚和格鲁吉亚等地建立的一个国家，名义上臣属于元朝。其建国之初，"以元朝的经济政治制度为效法的典范，在许多方面模仿元朝"③。而元朝继承了中国高度发达的国家机器和官僚制。这一定程度上推动了中国制度文明向中东和西方传播。由于两个政权存在时间不长，加之伊斯兰教的强大同化作用，中国官僚制和国家机器的影响估计比较有限。

西汉至16世纪前，从官僚制视角看，世界由以中国为中心的世界早期官僚制文明带以及大量官僚化程度不一的国家和地区构成。在此世界格局中，欧洲国家官僚化程度较低，构成了世界官僚化结构的边缘区域。中心和边缘的关系不是永恒不变的。受到挤压的欧洲文明正在寻求改革。恰在这时，由于蒙古帝国远征等原因，"四大发明"传到了西方。很快，中国将为它们送来更重要的东西——官僚

---

① 武斌：《天下中国：世界文明交流互鉴的中国范式》，广东人民出版社2023年版，第248页。
② 魏良弢：《西辽史研究》，宁夏人民出版社1987年版，第82—87页；张先革、李朝虹、潘志平：《西辽对中华文化在西域传播的作用》，《新疆大学学报》（哲学·人文社会科学版）2020年第2期。
③ 武斌：《亚洲文明史纲：文明互鉴的东方智慧》，广东人民出版社2023年版，第507—507页。

制和现代国家机器。这是世界早期官僚制文明带最重要的一次扩展,此后边缘和中心的位置逐步发生颠倒,东强西弱格局逐步变成西强东弱。

五 世界第二波官僚化浪潮和现代国家机器的扩散

大约 16 世纪以来,世界历史逐步出现明显的官僚制升级完善和全球化的过程,这是开篇提到的现代国家机器趋同现象的重要原因。此次世界性官僚化浪潮可以被称为世界第二波官僚化浪潮。其主要进程在 20 世纪基本完成(不同国家完成时间有差异),21 世纪并未出现新的官僚化浪潮。在此次官僚化浪潮中,由于中西碰撞和持续的文明交流,西方人借鉴明清中国的君主官僚制国家形态形成工业文明时代和现代军事工业背景下的官僚制和现代国家机器。在西方肆意对外侵略扩张、建立资本主义世界殖民体系的过程中,世界各地相继出现官僚化浪潮,旧的家族世袭国家机构、部落式管理机构逐步被淘汰,官僚制和现代国家机器在更大范围出现。这波官僚化浪潮的影响范围更广、程度更加深入,主导者是西方国家。但这波世界性官僚化浪潮的源头仍旧是中国的官僚制和现代国家机器。

(一)中国官僚制和现代国家机器传入欧美并不断完善升级

中国官僚制及以其为基础的现代国家机器经过漫长的过程,最终传播到欧美。欧美官僚制是欧美在特定历史条件下学习借鉴中国、内外因共同作用的产物。福山称之为"姗姗来迟的欧洲建国","早期现代时期,欧洲国家建设者方才投入等同于中国和土耳其的工程——建造强大的中央国家,在全国领土上实施统一的行政管理,并宣称主权。这些努力开始得很晚,始于 15 世纪末,成于 17 世纪末"。[①]亨利·基辛格指出:"欧洲进入近代社会时,政治乱象纷呈,既有独立的王公贵族,又有自治的城邦;既有与国家政权分庭抗礼的罗马天主教廷,又有渴望建立一个自治的公民社会的新教徒。中国则不然,步入近代社会时,此前 1000 多年已经形成了一整套成熟的帝国官僚体制,通过科举选拔官员,其统治权力渗透到社会经济的各个角落。"[②]总体来说,欧洲的现代国家(nation-state)形成是 15 世纪

---

① [美]弗朗西斯·福山:《政治秩序的起源:从前人类时代到法国大革命》,毛俊杰译,广西师范大学出版社 2014 年版,第 290 页。

② [美]亨利·基辛格:《论中国》,胡利平等译,中信出版社 2012 年版,第 12 页。

开始启动的。① 这时它们恰恰需要强有力的现代国家机器榜样。

1. 中国官僚制和强大政治文明成为欧美的榜样

如果说此前中西方交流总体上是以技术和物质层次为主的间接交流，那么 16 世纪以来数百年的中西方交流总体上是以政治文明为主但不限于政治文明的全面直接交流。"16—18 世纪中国与欧洲的文化交流是中西关系史上一段最令人陶醉的时期。这是中国和文艺复兴之后的欧洲知识界进行的第一次接触和对话。"②

虽然有前期的零散铺垫，欧洲人在 16 世纪直接接触中国时，中国对他们而言仍旧是一个非常发达的巨大的"异己"，是一个非常强大的文明。将超过全欧洲的人口和领土都统治在一国之内并且高度繁荣，对于西方人而言不但陌生而且不可想象。当时中国在国家治理、国家规模、文明的先进性、社会生活水平等方面都远远超过欧洲。美国中国学家史景迁指出："16 世纪末，明朝似乎正是国力强盛之时，其文化与艺术成就璀璨夺目，城市与商业生活繁荣富庶，中国人在印刷技艺与丝绸、瓷器的制造能力，令当时欧洲人望尘莫及"，"公元 1600 年，中国是当时世界上幅员最辽阔、制度最发达的统一政权。其疆域之广，世界各国均难望其项背，当时俄国才开始形成统一国家，奥斯曼帝国过度扩张于分散的疆域，印度分别由蒙古人及印度人统治，墨西哥、秘鲁等古文明帝国则毁于疫病肆虐与西班牙征服者。此时中国人口已逾一亿二千万，远超过欧洲诸国人口之和"。③ 美国战略家布热津斯基称："到约公元 1600 年以前，中国一直在农业生产率、工业发明和生活水平方面居于世界领先的地位。但是，同抚育了约 75 个国家的欧洲文明和伊斯兰文明不同的是，中国在历史上绝大部分时间里一直是一个单一国家。在美国发表独立宣言之时，它已经拥有两亿多人口，而且还是世界上主要的制造业大国。"④

当时的欧洲正处于交困时期、转型时期、变革时期。对内，基督教笼罩之下的松散、粗糙的封建国家阶级对立严重，政治社会制度落后，宗教专制严重，战

---

① 《布莱克维尔政治制度百科全书》在解释"国家"（state）词条时指出："一种政治联合的形式，15 世纪起开始缓慢而零散地出现，并表现出与其先行者——古希腊、古罗马和中世纪国家的区别。近代国家的观念和实践是从与中世纪议会有关的冲突中锤炼而成的"（参见［英］韦农·波格丹诺主编《布莱克维尔政治制度百科全书》（新修订版），邓正来等译，中国政法大学出版社 2011 年版，第 635 页）。

② 武斌：《天下中国：世界文明交流互鉴的中国范式》，广东人民出版社 2023 年版，第 319 页。

③ ［美］史景迁：《追寻现代中国（1600—1949）》，温洽溢译，四川人民出版社 2019 年版，第 17—23 页。

④ ［美］兹比格纽·布热津斯基：《大棋局：美国的首要地位及其地缘战略》，中国国际问题研究所译，上海人民出版社 2007 年版，第 131 页。

原型和奠基：古代中国和两波世界性官僚化浪潮

乱频繁，摆脱神权束缚成为欧洲国家普遍的诉求。"四大发明"刺激了欧洲文明的变革，极大增强了欧洲的军事和物质力量。对外，历史上匈奴人、突厥人、蒙古人等一波波游牧民族的进攻和征服给欧洲人留下了恐惧，奥斯曼帝国和伊斯兰文明的强有力竞争加重了欧洲人的精神负担，刺激他们追求富强的梦想。在持续不断的内外战争、文明竞争和宗教竞争中，建立强大的世俗化君主集权国家成为必要。要建立强大的世俗君主集权国家，奉行君主官僚制国家形态的中国以其经济社会的高度繁荣、国家机器的异常发达、国家规模的极其巨大、政治世俗性的格外突出而逐步成为榜样。欧洲人非常需要这样的外来印象和外来文明作为他们构建新国家形态的重要参考。

美国历史学者唐纳德·拉赫全面分析了亚洲在欧洲形成中的影响和作用，专门提到中国。他的研究显示，16世纪欧洲人曾经全面考察、高度赞赏中国特别是中国的政治制度、国家形态、治国技术和社会管理，并注意学习借鉴，为其所用。欧洲人称中国为"中华帝国""中央帝国""中国（China）""契丹（Cathay）"，视为不同于欧洲的伟大政治实体。中国规模的巨大、中央集权国家模式、官僚制、皇帝的权威、考试制、无贵族的社会、行政管理、朝贡制度、国家支持的教育制度、同质化的国族构建等都引起欧洲人的极大关注，进行了充分的研究和介绍。①西班牙学者门多萨1585年出版《中华大帝国史》，对中国给予极高评价，全面介绍中国风土民情、历史文化、政治和行政制度、治国策略，特别介绍了包括科举制在内的官僚制，被译成多种文字，引发西方人对于中国政治制度和行政制度的高度关注。②意大利著名传教士利玛窦等也详细考察并介绍中国风土人情，包括政治制度和行政制度，汇成《耶稣会士利玛窦神父的基督教远征中国史》，以多种文字在西方出版，引起极大反响。③此等情况不一而足。"据统计，在1570—1870年的300年间，仅用英文出版的有关中国官员制度和政治制度的书籍就有70种之多。这些书都极力称赞中国的文官制度，尤其是科举制，并建议英国政府仿行。

---

① [美]唐纳德·F.拉赫：《欧洲形成中的亚洲（第一卷）·发现的世纪》（第二册），胡锦山译，人民出版社2013年版，第295—419页。
② [西班牙]门多萨：《中华大帝国史》，何高济译，中华书局1998年版。
③ [意]利玛窦、[意]金尼阁：《利玛窦中国札记》（上、下册），何高济等译，中华书局1983年版。原书名为《耶稣会士利玛窦神父的基督教远征中国史》，拉丁文本最早出版于1615年，此后陆续出版法文版、德文版、西班牙文版、意大利文版、英文摘译版、英文全版等。

这个时期，英国驻华使节也向政府汇报过同样的内容。"①

2. 中国对欧美的影响不断加深

"17、18世纪，通过一批批来华传教士的媒介作用，在中国与欧洲尤其是与法国之间，曾经出现过长达一百余年极不寻常的以西方效法中国为其显著特征的文化交流历史。"② 法国启蒙思想家伏尔泰（1694—1778年）对中国的制度、文明充满赞美和向往，他在《风俗论》中对中国的制度、文明、文化、法律和历史有详细的介绍。他认为中华文明远比欧洲文明发达，中国国家治理是人世间的崇高典范。③ 重农学派创始人弗朗瓦斯·魁奈对中国的"专制制度"极度欣赏，④ 并借鉴中国经验，创立重农学派。

中国对西方的影响没有停留在思想上，而是逐步进入实践层面，大约从16世纪开始影响欧美政治制度和国家机器构建，到20世纪中叶这种影响趋于完成。西方基本复制并升级了中国式的官僚制和现代国家机器。历史学者张国刚指出，18世纪奥地利王子、法国王储学习中国皇帝，在大臣陪同下开展非常隆重的"籍田"仪式，在当时的欧洲学习中国、"走开明专制的中国道路"是很酷的事情。⑤ 中国的超大规模君主官僚制国家无疑是欧洲绝对主义国家（absolutism state）的最好导师，进而是欧洲民族国家（nation-state）的直接示范。

3. 官僚制欧美传播的缩影：科举制西传

科举制属于中国官僚制和中华政治文明的标识性构成。西方文官制是西方国家结合本国国情学习包括科举制在内的中国官僚制的产物。西方人视中国为文官制度的发源地。科举制在西方的传播是中国官僚制和现代国家机器在西方传播的一个非常容易辨识的缩影。

当前，中外文献和研究已经比较完整地呈现了西方人深入、全面学习和引进科举制的过程。西方人大约从16世纪开始介绍中国科举制，引起西方社会强烈关注，很多学界、政界人士建议政府学习采用中国科举制，推进本国国家机器的完

---

① 古燕：《西方政治的稳定器——文官制度》，辽宁大学出版社1996年版，第23页。
② [法] 弗朗瓦斯·魁奈：《中华帝国的专制制度》，谈敏译，商务印书馆1992年版，"中译本序"。
③ [法] 伏尔泰：《风俗论》（上），梁守锵译，商务印书馆1994年版，第84—90、239—251、252—259页。
④ [法] 弗朗瓦斯·魁奈：《中华帝国的专制制度》，谈敏译，商务印书馆1992年版。
⑤ 张国刚：《胡天汉月映西洋：丝路沧桑三千年》，生活·读书·新知三联书店2019年版，第240—242页。

善。"只有饱学博闻的人通过国家考试才能成为官吏参与管理政府事务,任何一个人在学识上的努力都可以使他进入社会上层,这就意味着一种平等与竞争的健康的社会机制。这一发现对16世纪末西方封建等级社会是一大震惊,同时也预示着以后一个多世纪里西方对中国科举与文官制度的利用。"①

当时,西方国家正在经历社会转型,国家治理面临诸多问题。在18世纪,西方国家明码标价出售官职是十分普遍的合法行为,官职被视为私产,政党分赃、裙带关系被视为天经地义,没有找到官僚制的西方始终陷在家族主义、裙带主义之中。最终,西方国家结合本国国情和需要,经过多次多轮引进、改革和完善,将科举制(之前西方已经模仿了中国君主官僚制国家形态的其他诸多内容)改造成西方文官制度的一部分。首先是法国、德国、英国、美国,继而遍及整个欧美。② "科举考试制度是具有国际影响的考试制度,它不仅被东亚一些国家所模仿,而且还为英、法、德、美等西方国家所借鉴,进而对世界各国产生直接、间接的影响。科举是现代文官考试制度的历史渊源,它对世界文明进程起了推动作用。"③ 科举制只是中国君主官僚制国家形态影响近代西方的一个方面、一个缩影。"中国的文官制度对西方近代文官制度的形成产生了不可低估的影响。其实何止是科举制,中国古代文官制度中的荐举制度、考课制度、官方办学培养科举人才等,也都对西方文官制度的形成和完善起到了一定的借鉴作用。"④

4. 欧美逐步完成官僚制建构和国家机器现代化

根据亨廷顿的研究,在17世纪,欧洲"国家官僚机构和公共机关迅速发展并日趋合理化,常备军建立并扩大,税收制度得以普及和完善。1600年欧洲还是中世纪政治的天下。到1700年就已成为民族国家的近代世界了"⑤。其中就有中国的影响。美国历史学者斯特雷耶说:"从某种程度上说,1100年之后产生的欧洲国家结合了帝国和城邦的力量。"⑥ 委婉承认欧洲民族国家的形成借鉴了包括他多次提到的"中

---

① 张佳杰、丁凌华:《论科举制对西方文官制度的影响》,《华东政法学院学报》2004年第6期。
② 参见张佳杰、丁凌华《论科举制对西方文官制度的影响》,《华东政法学院学报》2004年第6期;刘海峰《科举西传说的来龙去脉》,《考试研究》2005年第1期;彭靖《邓嗣禹〈中国考试制度对西方的影响〉修订研究》,《教育与考试》2021年第2期。
③ 刘海峰:《科举西传说的来龙去脉》,《考试研究》2005年第1期。
④ 古燕:《西方政治的稳定器——文官制度》,辽宁大学出版社1996年版,第24页。
⑤ [美]塞缪尔·P.亨廷顿:《变化社会中的政治秩序》,王冠华等译,上海人民出版社2008年版,第80页。
⑥ [美]约瑟夫·R.斯特雷耶:《现代国家的起源》,华佳等译,格致出版社2011年版,第6页。

华帝国"在内的帝国的力量。美国汉学家顾立雅推测近代欧洲官僚制或许受到中国的一些影响，但并没有展开。① 芬纳认为中国最早出现了受过专门训练的、领薪酬、按理性原则组织起来的官僚阶层，虽然欧洲人的确可以说是"二次发明者"，但这项发明权依然应该属于中国。② 这是一个非常重要的论断，即承认中国是官僚制的发明者。其实，欧洲对于官僚制的"二次发明"不是独立进行的，是借鉴中国的结果，是"开卷考试"。欧洲人不但已经看见了、接触了中国成熟的君主官僚制国家形态，而且也进行了深入的研究、介绍和学习。福山称："中国的官僚机构树立了一个模板，几乎所有现代的官僚机构都是它的复制品。"③ 这句话非常到位。政治学者潘维指出："普及于全世界的'文官制度'是中华对世界的巨大贡献。"④ 西方世界真正普遍建立起完善的、非人格化的官僚制和现代国家机器，大约是在20世纪中叶，历经了三四百年时间。可见，即使有了中国的官僚制和现代国家机器样本，官僚制和现代国家机器的建立仍旧是非常复杂和艰巨的。

欧洲绝对主义国家、民族国家的形成都受到君主官僚制国家的示范和推动作用，这种作用如果不是决定性的，至少也是关键性的和不可或缺的。没有中国的示范作用，西方人建成现代国家的时间将晚很多年，甚至数百年，而且西方的现代国家机器很可能和今天大不相同。这和人类政治智慧的稀缺性、国家形态的传染性、国家演进道路的互动性有关。人类在政治上更多时候是模仿者和墨守成规者，而不是创新者。历史学者谢维扬指出："越是高级的文化因素，重复发明的可能性和概率越是小。国家政治是一种高级的文化因素，历史证明，它在世界各地区的重复发明是非常少的。大量的早期国家是某个地区内国家政治文化传播的结果。"⑤ 坎贝尔、霍尔亦认为："与有限的几个早期国家组织形成的方式不同，大多数国家都是通过模仿而建立。"⑥ 率先出现的国家形态一般会对后来的国家形态产生极大影响，率先出现的

---

① H. G. Creel, "The Beginnings of Bureaucracy in China: The Origin of the Hsien", *Journal of Asian Studies*, XXXII, 1964, pp. 155 – 184.
② [英] 塞缪尔·E. 芬纳：《统治史（卷一）：古代的王权和帝国——从苏美尔到罗马》（修订版），王震、马百亮译，华东师范大学出版社2014年版，第92页。
③ [美] 弗朗西斯·福山：《政治秩序的起源：从前人类时代到法国大革命》，毛俊杰译，广西师范大学出版社2014年版，第107、281页。
④ 潘维：《比较政治学理论与方法》，北京大学出版社2014年版，第80页。
⑤ 谢维扬：《中国早期国家》，浙江人民出版社1995年版，第64页。
⑥ [美] 约翰·L. 坎贝尔、[加] 约翰·A. 霍尔：《国家的世界》，闫健译，中央编译出版社2018年版，第16页。

国家形成和演进道路既给了其他民族以示范和"拿来"的机会，也可能影响乃至制约其他民族探索新国家形态的努力。事实上，绝大多数国家不能发明顶级的国家形态要素，比如中央集权的官僚制国家机器、民主制、法治、共和制、国家统治方式世俗化。因此，一种新的先进国家形态一旦出现就会产生大量模仿者。比如现代历史上的美国国家形态、英国国家形态、苏联国家形态。先进国家形态的"传染"会深刻影响其他国家的演进道路。

当然，欧洲中央集权的官僚制国家机器的出现也和欧洲的内部历史进程即文艺复兴、宗教革命、内乱、生产力发展、持续的战争等高度关联。美国历史社会学者蒂利分析了欧洲近代建国和战争的关系，认为主要是战争推动，① 忽视了中国君主官僚制国家形态对欧洲的重要影响和示范作用。一般化的战争未必会推动国家构建，更不用谈推动现代国家构建（这是国家形态变革中的最高级形式）。战争必须和重要而广泛的经济社会政治因素耦合才会对国家构建产生革命性影响，特别是在中央集权的官僚制国家机器构建上。卡尔·雅斯贝斯总结得好："西方理解东方并脱离东方。它把东方文化的各项因素接收过来，将它们一直重新改造到成为它自己的文化为止。西方投入到东方的斗争；在斗争中，时而西方占到上风，时而东方占到上风。"②

5. 欧美踢开"中国梯子"并妖魔化中国

一旦欧洲将中国君主官僚制国家形态的精华吸走，并因为工业革命而变得强大富有，白人至上思潮就开始理论化、普遍化、神圣化，欧洲人对于包括中国在内的东方国家的态度就立即发生转变。中国就从国家治理的典范、崇高伟大的文明、开明的君主制而变成东方专制主义、无历史的文明、东方暴君制，对于中国的肯定和赞誉被攻击、抹黑取代。自亚里士多德开始的希腊自由文明—东方专制野蛮偏见再次发育并且理论化，从此中国成为东方专制主义这一野蛮、落后、残暴文明类型和国家类型的代表，中华文明从根本上被否定。

德国学者弗兰克指出，欧洲人过去把中国当作"榜样和模式"，大约19世纪中叶对中国的看法发生转变，开始称中国为"始终停滞的"。他分析了这种变化的原因和后果，认为"工业革命的来临以及欧洲开始在亚洲推行殖民主义的活动，

---

① [美]查尔斯·蒂利：《强制、资本和欧洲国家（公元990—1992年）》，魏洪钟译，上海人民出版社2012年版。
② [德]卡尔·雅斯贝斯：《历史的起源与目标》，魏楚雄、俞新天译，华夏出版社1989年版，第79页。

促成了欧洲思想的转变。结果，人们即便没有'虚构'全部历史，也至少发明了一种以欧洲为首和在欧洲保护下的虚假的普遍主义。到19世纪后半期，不仅世界历史被全盘改写，而且'普遍性的'社会'科学'也诞生了。这种社会'科学'不仅成为一种欧式学问，而且成为一种欧洲中心论的虚构"①。

（二）官僚制和现代国家机器的世界性扩散

随着西方列强的肆意扩张、侵略，官僚制继续扩散。"随着政治上的革命和工业上的革命相结合，欧洲和美国开始向非西方世界扩张，伴随这种扩张，典型的现代国家模式开始向这些地区出口。"② 关于这方面，已有汗牛充栋的作品对非西方国家的近代史、国家史进行分析，描述了它们旧式的国家机器如何被摧毁，新的国家形态如何被建立起来。③ 归纳起来，这个过程主要有两种路径：一种是非西方国家被西方国家占领、殖民，由西方国家直接建立新国家机器，如印度、巴基斯坦、大量非洲国家，大部分曾沦为殖民地的国家都走了这条路。一种是非西方国家模仿西方民族国家范式，建立现代国家，其中一个极重要的方面就是建立以官僚制为基础的现代国家机器。日本、奥斯曼帝国、伊朗、中国等国家属于后者。清末新政中有一项就是"改革官制"。这是官僚制的"原型国家"向官僚制的"衍生国家"——西方现代国家的学习。原因就是中国的官僚制停留在农业文明水平，始终没有升级。西方在工业文明时代学习了中国官僚制，对官僚制和国家机器进行了以工业文明为基础的改造和升级，西方官僚制更为健全和强大。对于中国人而言，西方官僚制和现代国家机器成了洋气的新事物。这本质上是中国官僚制穿着西洋文明的西装"倒灌"中国。④ 伊斯兰教国家具有强大的同化作用，曾极大削弱中国官僚制对于亚欧大陆的影响。但在16世纪以后，亦逐步实现了伊斯

---

① ［德］贡德·弗兰克：《白银资本：重视经济全球化中的东方》，刘北成译，四川人民出版社2017年版，第15—16页。西方人"踢开梯子"、误导非西方国家、妖魔化其他文明的行为并不罕见（参见［英］张夏准《富国陷阱：发达国家为何踢开梯子》，蔡佳译，社会科学文献出版社2020年版）。

② ［英］塞缪尔·E.芬纳：《统治史（卷三）：早期现代政府和西方的突破——从民族国家到工业革命》，马百亮译，华东师范大学出版社2014年版，第461页。

③ 参见［英］塞缪尔·E.芬纳《统治史》（三卷本，马百亮译，华东师范大学出版社2014年版）；崔连仲、刘明翰等主编《世界通史》（六卷本，人民出版社1997年版）；［美］弗朗西斯·福山《政治秩序与政治衰败：从工业革命到民主全球化》，毛俊杰译，广西师范大学出版社2015年版。

④ 关于清末民国时期对西方官僚制的学习和在此期间中国官僚制的变迁，参见李俊清《现代文官制度在中国的创构》，生活·读书·新知三联书店2007年版，第23—40页。

兰教和官僚制、现代国家机器的结合。以由奥斯曼帝国演变而来的土耳其为例，当前其内阁组成部门与世界主流国家已经相差不多。

通过世界第二波官僚化浪潮的全球性普及和深邃影响，当今世界大多数国家都拥有了真正意义上的官僚制和现代国家机器，部分国家正在模仿着进行现代国家机器构建。由于近代欧洲对全世界扩张而刺激世界各国大力推进国家机器现代化，中国君主官僚制国家形态的大量要素进一步向世界扩散。概言之，世界各国的官僚制和国家机器现代化都不同程度受到古代中国官僚制和现代国家机器的直接或者间接影响，链条就是中国君主官僚制国家（元明清）——西方民族国家，方式是西方殖民扩张和人类近代交往。世界第二波官僚化浪潮对于现代世界的形成起到了巨大的作用。

这里肯定中国的作用并非妄自尊大。人们很清楚地认识到中国"四大发明"的世界性影响，但古代中国更重要的贡献——大一统君主官僚制国家形态的世界性影响，却迟迟得不到重视。历史学者张传玺指出："人们都常常说中国是世界上的四大文明古国之一，津津乐道的事例极多，但有一项更伟大的发明，而且已创造出并沿用了两千余年，却为人们所忽视，这就是在中国所实行的中央集权制度。"[①] 古代中国政治文明对世界的影响远比"四大发明"重要，它从核心结构上影响了现代国家的构成。除了官僚制、现代国家机器，还有世俗化统治、高社会流动、民本主义、官办教育等大量现代国家要素，对世界产生重要影响。

表2　　　　　　　　两波世界性官僚化浪潮基本情况

	范围	特点	发生时间	中国的作用
世界第一波官僚化浪潮	古代苏美尔城邦、埃及、波斯、亚述、马其顿、希腊、罗马、中国、日本、朝鲜、越南等	（1）背景是农业（牧业）文明时代，多数国家处于早期国家或者早期国家向成熟国家转型阶段；（2）自发产生，有一定的相互影响；（3）传播速度慢；（4）传播过程较为和平；（5）此次官僚制浪潮和君主制紧密结合；（6）东亚和中国周边国家因普遍受到中国官僚制影响而成为世界早期官僚制文明地带；（7）东方国家官僚化程度高于西方国家	大致从公元前40世纪至公元前3世纪	中国是此次浪潮最高潮，秦朝形成官僚制，并逐步辐射东亚和周边，成为东亚国家官僚制的原型

---

① 张传玺：《中国古代政治文明讲略》，北京出版社2019年版，第93—94页。

续表

	范围	特点	发生时间	中国的作用
世界第二波官僚化浪潮	由中国传播到欧洲、北美并被其改造升级,再由西方扩张逐步传播到全世界	(1)背景是农业文明向工业文明转型时期,多数国家从古代国家(早期国家或成熟国家)向现代国家转型;(2)传播速度快;(3)被迫学习和主动学习结合,传播过程力和血腥;(4)官僚制更为完善;(5)此次官僚制浪潮和民主制、共和制紧密关联;(6)西方主动,东方被动;(7)西方国家官僚化程度高于东方多数国家	约16世纪至20世纪	在东学西渐中,中国官僚制成为欧美官僚制的原型,并被其改造升级,此后倒灌入中国,重塑中国的官僚制和国家机器

注：表为笔者自制。

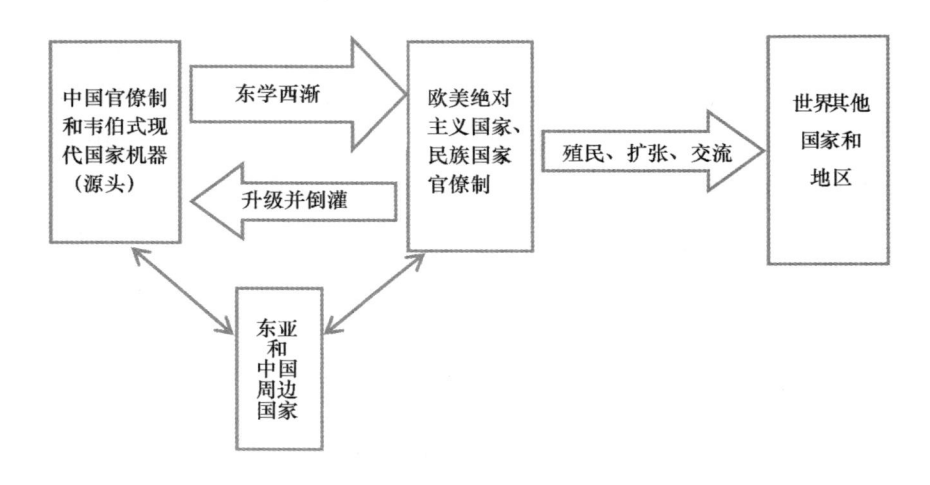

图3 官僚制和韦伯式现代国家机器传播、互动简图

注：图为笔者自制（图中箭头表示传播和影响路径）。

六 结论和讨论

官僚制的起源、全球传播和互动史,是世界国家建构史、世界政治史和人类文明互动史的缩影,深度塑造了世界文明史和世界政治史。官僚制的起源和形成,以及迄今为止的两波世界性官僚化浪潮,都与中国有着深刻关联。在公元前40世纪至公元前3世纪出现的世界第一波官僚化浪潮中,中国在人类历史上率先形成了真正的官僚制,是这波官僚化浪潮的最高峰,并逐步推动东亚实现了官僚化。

原型和奠基：古代中国和两波世界性官僚化浪潮

古代东亚的官僚化可以视为世界第一波官僚化浪潮的"尾巴"。因为中国的缘故，古代东亚国家大多较早形成官僚制，形成以中国为中心的世界早期官僚制文明带。东亚地区相对世界其他地区长达两千年的领先也由此开始。世界第二波官僚化浪潮源自16世纪以来的中西文明交流（蒙元时代的中西大交通是一次铺垫），超大规模、国力强盛的明朝和清朝（前中期）对西方官僚制形成和现代国家机器建构产生重大深远影响，其核心是明清沿用的君主官僚制国家形态，其基本途径是包括传教士、商人、学者、探险者、官员等在内的西方人对于中国制度和中华文明的介绍和引入。在此过程中，西方引进中国的官僚制和现代国家机器并进行改造升级，糅合工业文明、法治、民主制、共和制、基督教等要素，形成西方现代国家机器，成为西方民族国家的主体组织结构。随后，西方民族国家形态随着西方的世界性扩张而不断扩散，最终形成第二波世界性官僚化浪潮。

16世纪以来持续两百多年的东学西渐是两波世界性官僚化浪潮的联结点和交汇期。这段时期正是雅斯贝斯所谓的两大轴心文明——中华文明、西方文明的第一次系统性交汇期。这次中西文明大交流产生了极为灿烂的文明成果和国家形态成果——现代文明和现代国家。西方是这次交流的主要受益者，形成了对包括中国在内的非西方国家的"国家形态代差"，这是压倒性的制度优势和文明优势。中国以天朝上国自居，闭关自守，拒绝学习西方优秀文明成果，直接导致中国的长期衰落，几千年的世界领先地位被终结。这次中西文明大交流之后开始了真正意义上的中西大分流，西方第一次占据强势地位。

中国官僚制和现代国家机器西传的意义丝毫不亚于"四大发明"的西传。世界官僚化浪潮的意义不亚于世界民主化浪潮、世界工业化浪潮、世界法治化浪潮。国家机器构建仍旧是世界最重要的课题之一，在一些发展中国家甚至是首要课题。从更宏观的视角来说，"四大发明"的西传以及包括官僚制、现代国家机器在内的中华政治文明的西传，是琴瑟和鸣的双重奏，一先一后，一表一里，涵盖技术经济和政治社会，极大帮助西方解决了其崛起所必需的技术、军事、交通、文化和国家组织问题，为西方文明现代崛起奠定关键性基础。文艺复兴、宗教革命释放了欧洲人的欲望，对于富强和打赢战争的极度渴求使得欧洲人对中国官僚制和现代国家机器进行改造升级和极致化运用。中国官僚制和现代国家机器找到了最识货也最具扩张野心的下家。

建构官僚制是建构现代国家机器的核心，即一个国家要成为现代国家必须通过"国家机器革命"实现国家机器现代化，国家机器革命成为现代国家构建的一个必经阶段。因此，世界历史上的两波官僚化浪潮事实上亦是两波现代国家机器构建运动。第一波现代国家机器构建运动并没有完成，中国也只是初步完成现代国家机器构建，尚有现代国家的其他维度未完成构建。第二波现代国家构建机器运动取得巨大成功，大多数国家在此过程中逐步成功构建了现代国家。中国式官僚制和国家机器逐步世界化。从此，人类社会普遍进入国家机器现代化时代。两波世界性官僚化浪潮是关联的，第一波世界性官僚化浪潮是第二波世界性官僚化浪潮的基础。前者零散缓慢演进，后者快速模仿扩散并在前者基础上进一步发展和升级。中国在第一波世界性官僚化浪潮中形成的官僚制，奠定了世界官僚制的基本结构、基本特征和运作模式，包括实现国家必要的集权，普遍施行的能力主义，官职权限法定，官吏之间的等级化隶属关系，书面文件和文员作为官吏体系运作基础，对官员的专业化训练，官员全身心投入公务，官员具备专业知识，还有官位和爵位并行、精致繁复的品级衔号、政府系统和监察系统军事系统分野、配套的意识形态等，成为全世界官僚制的古老原型。更进一步说，公元前221年之后的中国，不但有狭义的官僚制，还有中央集权、郡县制、依律法统治、世俗性统治、常备军制度等更广范围内的现代国家机器。

不同国家的国家机器越来越像，原因在于：首先，它们有一个古老原型——中国官僚制和现代国家机器。其次，有两次世界性官僚化浪潮，特别是第二次世界性官僚化浪潮，国家机器不断同化。在第一波世界性官僚化浪潮中，中国是领先者、主动者，背景是农业文明时代。由于人类交流的深度、广度有限，当时中国官僚制的主要影响在于中华文明圈。由于18世纪以来中国逐步落后于西方，在第二波世界性官僚化浪潮中，中国只起到原型和奠基作用，西方占据主动地位，成为世界官僚化浪潮和现代国家机器建构浪潮的主导者和集大成者。中国通过引进西方官僚制和政治文明，才实现官僚制和现代国家机器的升级完善，补强不断弱化的国家基础能力。西方官僚制对中国的"反哺"是一次正向的文明互动。官僚制可以和农业文明结合，也可以和工业文明结合；可以和君主制结合，也可以和民主制、共和制结合，还可以和不同民族、不同国家、不同宗教文化进行结合，从而在内核基本稳定的基础上呈现出不同的特点。第二波世界性官僚化浪潮的背景是农业文明向工业文明转型时期，工业文明要素对于官僚制有较强的塑造作用，官僚制的各方面要素都得到充分发展。

原型和奠基：古代中国和两波世界性官僚化浪潮

当然，现代国家构建并不只有国家机器现代化一个面向，现代国家构建有五大核心维度。中国于周秦之变中初步实现了国家机器现代化、社会和阶级结构现代化，但尚未实现国家和人民关系现代化、国家统治方式现代化、国家经济形态现代化，只形成一种带有大量现代国家特征的古代国家形态——大一统君主官僚制国家形态。由于国家机器现代化、社会和阶级结构现代化的两维突破，这种国家形态在19世纪之前对于世界绝大多数国家形态都具有压倒性优势。这种国家形态的结构性特征也深度塑造了鸦片战争以来的中国现代国家构建历史和次序，决定中国现代国家构建在国家机器现代化、社会和阶级结构现代化上率先取得突破，随后在国家和人民关系现代化、国家统治方式现代化、国家经济形态现代化，即"德先生""赛先生"和"依法治国"上逐步取得突破。这是重大事物出现的先后次序带来的历史后果。

由于现代国家机器最早源于中国，而工业文明、法治、民主、共和等现代国家的其他维度等源自西方文明，因此完整意义上的现代国家的出现是东西方文明合力作用的结果，是东西方文明碰撞的"火花"，集成了东西方文明特别是东西方政治文明的精华。概言之，现代国家形成和发展深嵌于东西方文明互动的历史进程中，并不是任何单个文明的产物，中华文明一开始就从源头和核心结构上参与了人类现代国家机器的形成。由此而言，中国式现代化不是一个简单的外源性问题，而是内源性问题和外源性问题错综复杂地交织、互动和博弈。

官僚制和具有现代性的国家机器是中华文明的最重要标识之一，是中国人对世界政治文明的最重要贡献之一，显示了中国人在政治智慧上的独特性和卓越性。人类历史上曾经出现过官僚制的地方，官僚制都一再延续、重建、强化，牢牢占据其历史并向外扩散，中国、日本、西方各国皆然。中华文明借助官僚制等早发的伟大政治文明成就永恒地塑造了世界政治和人类国家治理的基本形态。

反者道之动。人类历史上的官僚制是在正向运动与反向运动的循环中螺旋演进的，经历官僚制中国起源——第一波世界性官僚化浪潮——第1.5波世界性官僚化浪潮——第二波世界性官僚化浪潮——世界性反官僚化浪潮（20世纪下半叶以来形形色色的抵制官僚制的现象和运动）——世界性官僚制再强化的曲折过程。除了正向演进，官僚化反向运动屡见不鲜，这些可以归为官僚化的回潮。西方"新公共管理运动"[①] 和形形色色的去官僚化运动或主张也是这股世界性反官僚化

---

① 可参阅郁建兴、吴国骅《新公共管理运动与官僚制》，《教学与研究》2003年第9期；竺乾威《官僚化、去官僚化及其平衡：对西方公共行政改革的一种解读》，《中国行政管理》2010年第4期。

浪潮的一部分。官僚化的反向运动来自社会也来自政界，不会没有终点，但不可能摧毁官僚制，官僚制必将是人类社会的永久伴生物。以中国为例，1978年以来，国家机器被迅速重建并强化，再次形成了高效权威、分工明确、职能完整、协调有力、规模庞大的国家机器和国家治理体系。当前中国推进的"国家治理体系和治理能力现代化"，本质上是官僚制和现代国家机器的强化和完善。① 随着中国现代化取得巨大成就和中国式现代化道路的开辟，成为世界官僚制和现代国家机器重要一极的中国又开始在政治文明上对一些发展中国家产生重要影响。

从形成世界上最早的官僚制和韦伯意义上的现代国家机器，到当前拥有发达的官僚体系和现代国家机器，中国经历"官僚制的中国起源和传承——世界传播——反哺中国——中国官僚制改造升级——中国官僚制再强化"的闭环，亦反映了官僚制一旦成为国家制度和政治结构，就会成为不可摧毁的坚韧结构，无论经历多少的风云变幻、社会动荡、政权更替和反向运动。对于西方而言，强大的官僚制和国家机器是其经济社会进步的强大后盾，② 却是西方学者在给发展中国家"开药方"时刻意去掉的关键成分。对于很多发展中国家而言，官僚制常常徒有其形、运作维艰，官僚制和国家机器建构任务仍旧沉重，但由于西方学者和西方意识形态的误导，这些国家的精英却常常鼓吹"小政府""限制政府"。不能优先满足现代国家、大型复杂社会对于官僚制和现代国家机器的需求，实现现代化是不可能的。当然，这并不意味着官僚制和现代国家机器就是万能的，它只是一个基本前提。同时，官僚制和现代国家机器过于膨胀对于人的自由和权利的侵害风险也是值得关注和防范的。

中华文明蕴含大量具有人类普遍性意义的顶级政治创造，曾经推动世界文明史的发展，形塑了世界政治基本形态。但这些创造长期被大量西方人污名化和部分中国人自我矮化，被视为一种狭隘的"地方性知识"或者贬低为"前现代形态"，而将西方类似成就视为"理想类型""现代形态"。有些人将古代中国的官僚制定性为黑暗专制皇权的罪恶帮手或"家产官僚制"，有些人笼统地将中国官僚制贬低为官本位、官僚主义、官僚专制，有些人对东方专制主义深信不疑，等等。

---

① 可参阅黄涛《当代中国国家基础能力构建的逻辑和过程（1949—2021）——基于中国海关机构和管理体制变迁的分析》，《中国政治学》2021年第1辑。

② 有学者描述了美国大政府的本质，比如美国退役军人事务部（VA）工作人员就有26.2万人（1994年数据）。参见［美］约翰·F. 沃克、［美］哈罗德·G. 瓦特《美国大政府的兴起》，刘进、毛喻原译，重庆出版社2001年版，第344页。

从而，这些巨大政治成就不但没有被提炼为社会科学重大概念和理论，反而长期被视为民族文化糟粕、民族劣根性。随着中华民族伟大复兴的推进，这种现象逐步减少。笔者认为，基于中国在政治文明上的重大原创性发明之多以及对于世界政治文明影响之巨大深远，加之中华文明从未中断之悠久历史、现代中国超大规模国家的体量，依托中华文明并兼顾世界其他文明，构建中国政治学自主知识体系不但可能，而且将成为中国政治学实现飞跃式发展的强大推力并极大丰富世界政治学。官僚制理论和现代国家机器理论无疑应成为中国政治学理论体系、知识体系的标识性构成。

中国政治

制度传统如何形塑国家?
——基于家户制和村社制的比较分析*

黄振华 王美娜**

[内容提要] 国家是历史条件的产物,并受到制度传统的深刻影响。制度传统对国家的形塑,首先表现为对国民性的塑造,进而建构起不同的国家形态及其特性。从历史上看,由于农民构成国民的主要社会阶层,国民性主要表现为农民性。在世界文明进程中,中国的家户制和俄国的村社制均为两国的本源型制度传统,二者在组织结构、产权属性、运行机制、治理单元等方面存在显著不同,由此导致两国在农民性与国家性上的分殊。在农民性上,家户制下的农民表现为更多的自主性、积极性、弱势性以及个体性,村社制下的农民则偏向依附性、消极性、稳定性以及团体性。由于农民性上的差异,两国在基层治理模式、国家与乡村联结方式、现代国家建构路径等国家形态和特性方面呈现各自特点,进而形成不同的国家治理样态。在推进国家治理体系和治理能力现代化的进程中,应当高度重视长期以来形成的制度传统,并探索符合本国历史社会条件的国家治理模式与发展道路。

[关键词] 制度传统 国家形态 家户制 村社制

国家是历史条件的产物,并受到制度传统的深刻影响。习近平总书记指出,"我国今天的国家治理体系,是在我国历史传承、文化传统、经济社会发展的基础上长期发展、渐进改进、内生性演化的结果。"① 因此,要理解中国的国家治理,

---

* 本文是国家社会科学基金重点项目"健全家户治理功能与新时代乡村治理体系完善研究"(项目批准号:22AZZ007)的阶段性成果。

** 黄振华,华中师范大学政治学部、中国农村研究院教授,博士生导师。王美娜,华中师范大学政治学部、中国农村研究院博士研究生。

① 《习近平谈治国理政》,外文出版社2014年版,第105页。

其重要途径就在于探寻中国国家形态演化的制度传统及影响机理。那么，何为制度传统？制度传统又是如何形塑国家的？为回答这几个问题，本文尝试从"农民性—国家性"的分析进路出发，以中国的家户制和俄国的村社制作为比较分析的对象，围绕制度传统与国家形态的互动关系做一尝试性解答。

一 制度传统及其分析进路

国家是一个历史范畴，并在长期的历史进程中不断演化发展。作为特殊的公共权力，国家从诞生之日起就处于不断变化之中，并经历了成长、发育、成熟的过程。① 在这一过程中，由于历史制度传统的差异，国家呈现出不同的形态与特征，也形塑了国家的不同特性。制度传统是在长期的历史演化过程中形成的制度规范和体系。根据徐勇教授的定义，传统②是指能够对当今甚至未来发生影响的价值、行为和规范及与此相关的历史条件。③ 对此，美国学者巴林顿·摩尔（Barrington Moore）有深刻见解："在两大文明形态起承转合的历史关节点上，分崩离析的传统社会所遗留下来的大量阶级因子，会对未来历史的造型发生强烈影响。"④ 在此，并非所有的制度传统都会对未来产生影响。从影响程度上看，能够对当下和未来产生深远影响并长期发挥作用的传统构成"本源型传统"，这种制度传统对于现代社会的发展具有本源性，构成现代社会发展的基础性制度，也可以说是现代社会发展的历史本体。⑤

在构成制度传统的历史制度形态中，基础性社会制度构成本源型制度传统的重要来源。基础性社会制度是指将社会成员按照特定方式加以组织并形成基本社会单元的制度形态。基本单元是构成国家的最小"细胞"，是指组成国家机体的最基本、可独立的人的群体。在基本单元之下，不可再分为"独立的"群体或个体，群体或

---

① 徐勇、杨海龙：《历史政治学视角下的血缘道德王国——以周王朝的政治理想与悖论为例》，《云南社会科学》2019年第4期。
② 在此，徐勇教授所界定的传统主要就是指制度传统，如家户制传统。
③ 徐勇：《中国家户制传统与农村发展道路——以俄国、印度的村社传统为参照》，《中国社会科学》2013年第8期。
④ [美]巴林顿·摩尔：《民主与专制的社会起源》，拓夫等译，华夏出版社1987年版，"译者前言"第2页。
⑤ 徐勇：《中国家户制传统与农村发展道路——以俄国、印度的村社传统为参照》，《中国社会科学》2013年第8期。

个体只是基本单元的构成部分，反映的是整体与部分的关系。① 基本单元是一个社会的根基，其性质和特征将会深刻影响包括国家在内的上层政治体系。对此，路易斯·摩尔根（Lewis Henry Morgan）明确指出，"基本单元的性质决定了由它所组成的上层体系的性质"，"基本单元是怎样的，其复合体也是怎样的"。② 正如基因之于人体一样，有什么样的基本单元，就会有什么样的国家，二者具有内在的互构性。③

由于历史社会条件的差异和时空的变换，组成国家的基本单元也有所不同，并形成了包括中国的家户单元、俄国的村社单元、西欧的庄园单元以及游牧民族的部落单元等多种基本单元，并在此基础上形成家户制、村社制、庄园制、部落制等基础性社会制度。④ 这些基础性社会制度构成各自国家最具深远影响的本源型制度传统，⑤ 成为塑造国家形态的重要力量。本文的研究路径，便在于以中国的家户制和俄国的村社制为案例，对制度传统与国家形态之间的互动关系进行历史分析和比较。

制度传统是如何影响国家形态的？换句话说，制度传统形塑国家的路径和机制如何？围绕这一议题，学界的研究目前尚未完全展开。对此，本文尝试提出"农民性—国家性"的分析进路，以期对制度传统与国家形态的互动关系提供一个分析视角。本文认为，国家是由国民所组成的政治共同体，制度传统对国家形态的塑造，首先即表现为对国民性的塑造，进而建构起不同的国家特性。在传统时期，由于农民构成国民的主要社会阶层，所谓国民性也就主要表现为农民性。在此，农民性可以界定为农民群体在心理意识、态度和行为模式等方面的总体性特征，是国民性在农民群体中的反映。制度传统之所以能够对国家形态产生作用，其重要原因正在于其对民情民性的持久影响。对此，托克维尔（Tocqueville）就曾指出"民情是一个民族的唯一的坚强耐久的力量"⑥。明恩溥（Arthur Henderson Smith）在《中国人的气质》中将中国人的特性归纳为体面、节俭、力行、软弱的

---

① 黄振华：《国家治理的家户逻辑：基于田野政治学的分析进路》，《学术月刊》2021年第7期。
② [美] 路易斯·亨利·摩尔根：《古代社会》（上册），杨东莼等译，商务印书馆1977年版，第234、273页。
③ 黄振华：《"家国同构"底色下的家户产权治理与国家治理——基于"深度中国调查"材料的认识》，《政治学研究》2018年第4期。
④ 徐勇：《历史延续性视角下的中国道路》，《中国社会科学》2016年第7期。
⑤ 徐勇：《中国家户制传统与农村发展道路——以俄国、印度的村社传统为参照》，《中国社会科学》2013年第8期。
⑥ [法] 托克维尔：《论美国的民主》（上卷），董果良译，商务印书馆1988年版，第315页。

强硬、保守主义、孝心、仁惠等诸多方面。① 徐勇教授则认为中国在长期的农业生产过程中形成了特有的"农民理性",包括勤劳、勤俭、算计、互惠、人情、好学、求稳、忍耐等,正是农民理性在近代社会转型的过程中与工商业社会结合形成的"叠加优势"成就了"中国奇迹"。②

制度传统在塑造农民性的同时,也会进一步形塑国家形态及其特性,即本文所称的国家性。国家性可以理解为制度传统影响下国家治理所呈现的结构、样态及其特性,突出表现为制度传统与国家权力的互动过程及其结构形态。国家是合法垄断暴力的特殊公共权力,拥有超强的整合和改造能力。即便如此,长期形成的制度传统也不会在国家权力面前轻易分崩离析,而是通过多种方式与国家权力相结合,并形塑特定的国家治理结构和样态。具体来看,制度传统对国家性的形塑包括国家的基层治理模式、国家与乡村的联结方式以及现代国家建构路径等不同维度。

基于"农民性—国家性"的分析视角,本文拟以中国的家户制和俄国的村社制作为比较分析的对象,考察制度传统对于国家形态的形塑机理。本文的理论预设是:中国的家户制和俄国的村社制均构成两国的本源型制度传统,二者在制度要素构成上存在明显差异,这一差异形塑了两国各自的农民性,并在此基础上进一步形塑了两国的国家性。从"农民性—国家性"分析进路出发,既可为考察制度传统与国家形态的互动关系提供一个分析视角,也可为中国的国家治理体系和治理能力现代化厘定历史方位。

二 家户制与村社制:两种制度传统

中国和俄国都是拥有悠久历史的东方大国,也形成了蔚为丰富的制度传统。其中,中国的家户制和俄国的村社制不仅是两国的基础性社会制度,而且构成两国各自的本源型制度传统,在国家演化过程中发挥了极为重要的作用。③ 对此,费正清在评价中国时就认为"中国是家庭制度的坚强堡垒,并由此汲取了力量和染上了惰性",在他看来,"(中国的)社会单元是家庭而不是个人,家庭才是当地

---

① [美] 明恩溥:《中国人的气质》,佚名译,中华书局2006年版。
② 徐勇:《农民理性的扩张:"中国奇迹"的创造主体分析——对既有理论的挑战及新的分析进路的提出》,《中国社会科学》2010年第1期。
③ 徐勇:《中国家户制传统与农村发展道路——以俄国、印度的村社传统为参照》,《中国社会科学》2013年第8期。

政治生活中负责的成分"。① 金雁等通过研究则发现，通过土地公有、税负共担、社员会议等机制，村社成为俄国基本的社会组织形态，也成为俄国人的精神家园，以至于"侵犯村社就是侵犯特殊的俄罗斯精神"②。尽管家户制和村社制具有本源型制度传统的一般特点，但二者在具体的制度要素上又存在显著差异，由此导致两国在农民性和国家性上的分殊。

（一）组织结构

无论是家户制还是村社制，都是一种社会组织形态。前者以家户组织为基础，后者以村社组织为根基。两类组织在组织纽带、组织规模、组织稳定性等方面存在明显差异。首先，从组织纽带来看，家户制是以个体家庭为基础的，其联结纽带主要为血缘关系。正如马克思所言："家庭起初是唯一的社会关系。"③ 与之相比，俄国的村社最初则是由生活在同一区域、共同拥有土地的一个或几个村落的农民为着共同的利益，自我结合而形成的自治性社会联盟。④ 因此，俄国村社的联结纽带主要不是血缘，而是地缘关系或邻里关系。⑤ 其次，从组织规模看，家户组织的人口通常较少，尽管人们普遍希望维持数代同堂的大家户格局，但实际上中国乡村以四五口人的小家户为主。⑥ 与之相比，19世纪中叶的俄国普通村社一般由8—80个农户组成，人口为51—500人不等，农奴制改革之后村社人口增多，有时可达几千人。⑦ 最后，从组织稳定性上看，家户组织由于规模小，极易受到外部环境的冲击，地方战乱、国家政策、分家析产等因素都会导致家户的裂变和流动，从而使其长期处于不稳定的状态。而在俄国，村社人口规模较大，农民普遍附着在土地上，且附属于地主、教会和国家（沙皇），没有领主的同意和国家的认

---

① ［美］费正清：《美国与中国》，张理京译，世界知识出版社1999年版，第21—22、22页。
② 金雁、卞悟：《农村公社、改革与革命——村社传统与俄国现代化之路》，中央编译出版社1996年版，第103页。
③ 《马克思恩格斯选集》第1卷，人民出版社2012年版，第159页。
④ 苑鹏、陆雷：《俄国村社制度变迁及其对我国农村集体产权制度改革的启示》，《东岳论丛》2018年第7期。
⑤ 金雁、卞悟：《农村公社、改革与革命——村社传统与俄国现代化之路》，中央编译出版社1996年版，第37页。
⑥ 黄振华：《国家治理的家户逻辑：基于田野政治学的分析进路》，《学术月刊》2021年第7期。
⑦ ［俄］鲍里斯·尼古拉耶维奇·米罗诺夫：《俄国社会史：个性、民族家庭、公民社会及法制国家的形成（帝俄时期：18世纪至20世纪初·上）》，张广翔等译，山东大学出版社2006年版，第452—453页。

可，村社农民不能擅自改变居住地和等级，从而具有极强的稳定性。[1]

（二）产权属性

家户制与村社制不仅组织结构不同，而且在产权属性上也有明显差异。首先，从产权归属上看，家户制是以家户作为基本的产权实体单元的。在传统中国，虽然也存在个人产权，但个人产权并不具有独立性，而是依附于家户产权。[2] 在俄国，土地既不属于个人，也不属于家户，而是属于整个村社所有。[3] 相对于家户制，村社制在产权归属上具有"公有"性质。[4] 其次，从产权稳定性上看，中国家户内部的产权关系普遍是模糊的，并不存在截然两分的产权边界观念。但在家户与家户之间，产权边界不仅清晰而且不可侵犯，并由此形成异常发达的产权边界规则，从而强化了家户组织的产权实体功能。[5] 而在俄国，村社制土地产权是以"公有"形式呈现的，家户个体仅拥有土地的使用权，并不拥有所有权。随着人口的增加，村社土地需要进行定期重分，由此增强了土地产权的不稳定性。最后，从经营模式上看，家户制以个体家庭生产为主要经营方式，家户拥有生产经营的充分自主权。即使是租佃地主的土地，佃户同样拥有充分的自主性，只需向地主缴纳约定的地租即可。在家户内部，生产由家长统筹并实行分工，普遍方式是"男主外、女主内"，从而形成"家长制下男女分工共管经济"。[6] 而在俄国，村社的重要特征是农民被强制聚居，形成在"公社主"驱使下的"一种农奴制集体劳作形式"。[7]

（三）运作机制

家户制和村社制有着极为不同的运作机制。对于家户制而言，其主要以家庭

---

[1] ［俄］鲍里斯·尼古拉耶维奇·米罗诺夫：《俄国社会史：个性、民族家庭、公民社会及法制国家的形成（帝俄时期：18世纪至20世纪初·上）》，张广翔等译，山东大学出版社2006年版，第385页。

[2] 黄振华：《"家国同构"底色下的家户产权治理与国家治理——基于"深度中国调查"材料的认识》，《政治学研究》2018年第4期。

[3] 《马克思恩格斯全集》第9卷，人民出版社1963年版，第437页。

[4] 徐勇：《中国家户制传统与农村发展道路——以俄国、印度的村社传统为参照》，《中国社会科学》2013年第8期。

[5] 黄振华：《"家国同构"底色下的家户产权治理与国家治理——基于"深度中国调查"材料的认识》，《政治学研究》2018年第4期。

[6] 林耀华：《义序的宗族研究（附：拜祖）》，生活·读书·新知三联书店2000年版，第76页。

[7] 金雁、卞悟：《农村公社、改革与革命——村社传统与俄国现代化之路》，中央编译出版社1996年版，第79页。

为运行单元,家长居于支配地位,负责处理内外事务。对此,费正清就曾指出,"(在中国)父亲是至高无上的独裁者,掌管并处置家里的全部财产和收入,对安排子女的亲事有决定性的发言权……法律许可他鬻儿卖女,甚或处决逆子"①。林耀华则提出"家庭主权"概念,并将家长视为"主权者"。在他看来,"家庭的主权,操于家长之手,家产归他管辖,弟侄等只有遵从家长之命,分配职务,所有利润,纳于家长……家长在经济上是主权者,在外交上是代表者,家内人员行动,他要负责。在宗教上他是祖先崇拜的主持者"②。与家户制不同,村社制是以村会作为权力机关的,村会是村社内各户家长的聚会。③ 需要指出的是,村社制下"户"的原义为"宅院",其居住含义超过血缘含义,而"家长"的原义则是"主人""当家的",其权力含义超过其辈分含义。从这个角度看,村会并不是亲缘单位的代表会议,而更多地带有份地经济单位会议的性质,也兼有宗法色彩下的"长老会议"的特征。④ 在村社内部,几乎所有的重要事务都通过村会来决定。从运作过程看,村会决策严格遵循"多数决定"的原则,但并不体现或不考虑个人权利原则,"领袖的卡里斯玛魅力与群众的集体无意识是(村会)决策的重要因素"⑤。

(四)责任单位

责任单位主要是指社会成员承担社会责任所依托的组织载体。家户制下,家户是承担国家赋税徭役的基本责任单位,家长承担税赋责任。"纳税、产权的支配、法律和秩序的维护,一直是家庭的责任而不是任何个人的责任。"⑥ 同时,国家对家户生产生活、生命财产等给予必要的安全保障和社会救济,但个体家户具有天然的脆弱性,一旦离开家族互助合作与救济,很难长期生存和维系下来。因此,"中国人最崇拜的是家族主义和宗族主义","中国人的团结力,只能及于宗

---

① [美] 费正清:《美国与中国》,张理京译,世界知识出版社1999年版,第22页。
② 林耀华:《义序的宗族研究(附:拜祖)》,生活·读书·新知三联书店2000年版,第76页。
③ 金雁、卞悟:《农村公社、改革与革命——村社传统与俄国现代化之路》,中央编译出版社1996年版,第92页。
④ 金雁、卞悟:《农村公社、改革与革命——村社传统与俄国现代化之路》,中央编译出版社1996年版,第92页。
⑤ 金雁、卞悟:《农村公社、改革与革命——村社传统与俄国现代化之路》,中央编译出版社1996年版,第98页。
⑥ [英] 莱芒·道逊:《中华帝国的文明》,金星男译,上海古籍出版社1994年版,第163页。

族而止"。① 在村社制下，国家赋税徭役与社会救济的基本责任单位是村社，村社管理者承担财政和行政责任，租税征集"对社不对户，贫户所欠富户补"②。自18世纪起，国家赋税徭役按照"村社—人头"来征收，村社范围内实行连环保，村社管理者为大家作保，大家为管理者作保，村社赋税、役租或应服劳役总额确定后，村社根据农户支付能力将赋役总额摊派给各个农户。③ 此外，村社具有合作、慈善职能，包括生产上的互助合作，灾荒时给予粮食救济，救济孤寡老弱，开办学校、医院，建立公共粮食库等公共设施。④

综合来看，中国的家户制与俄国的村社制尽管都具备本源型制度传统的基本属性，但却在诸多方面存在显著差异（如表1所示）。这种制度要素上的差异性，成为塑造两国农民性的重要来源，也导致了两国在国家治理样态和特性上的差异。

表1　　　　　　　　　家户制与村社制的制度要素比较

项目	制度要素	家户制	村社制
组织结构	组织纽带	以血缘为主，地缘次之	以地缘为主，血缘次之
	组织规模	以家户为单位，几人至十几人	以村社为单位，几百上千人
	组织稳定性	相对自由	强制聚居
产权属性	产权归属	家户私有	村社"公有"
	产权稳定性	固化稳定	定期重分
	经营模式	家户个体经营	村社集体协作
运作机制	管理核心	以家庭管理为主	以村社管理为主
	权力主体	以家长为主导	以村会为主导
	管理范围	全部家庭事务	全部村社事务
责任单位	税赋承担	以家户为单位，独立承担	以村社为单位，贫欠富补
	社会救济	家族救济或自助团体	村社救济

① 《孙中山选集》（下），人民出版社2011年版，第640页。
② 金雁、卞悟：《农村公社、改革与革命——村社传统与俄国现代化之路》，中央编译出版社1996年版，第76页。
③ ［俄］鲍里斯·尼古拉耶维奇·米罗诺夫：《俄国社会史：个性、民族家庭、公民社会及法制国家的形成（帝俄时期：18世纪至20世纪初·上）》，张广翔等译，山东大学出版社2006年版，第458—459页。
④ 张广翔：《俄国村社制度述论》，《吉林大学社会科学学报》1997年第4期。

三　制度传统与农民性的塑造

由于家户制与村社制在组织结构、产权属性、运行机制、责任单位等方面的差异性，导致两国在农民性上呈现出不同的特征。需要指出的是，一方面，农民性是在长期的历史演化过程中逐步形成的，具有渐进演化的特征，也具有很强的稳定性；另一方面，农民性所反映的是农民作为一个社会群体的总体性倾向，而非具体的社会个体属性。就此来看，制度传统塑造下的农民性，主要表现为一种相对的社会群体倾向和特征。

（一）自主的家户与依附的村社

自主是个人意志自由的道德概念，指人在正确认识和自主选择的基础上，自己控制自己的行为，自己掌握自己的命运，处理和支配事物的能力。① 从历史上看，家户制形塑了中国农民更高的自主性，村社制则形塑了俄国农民较强的依附性。首先，从人身自主性上看，家户制以血缘为纽带立户、按地域划分居民户籍，农民和个体家庭摆脱了对氏族、家族和宗族的人身依附关系，平等享受国家依照居住地赋予的公共权利与义务，包括占有土地、人身自由和纳税、服兵役等。②"在村庄共同体和日常生活之中，农民在人身上是自由的，具有自主性……地主只是'地'的主人而不是'人'的主人。"③ 而在村社制下，领主拥有对农民的经济权力、政治权力、社会权力和司法权力，终身和世代占有农奴的土地和人身，农民无法自由支配自己的身体、劳动和精神，高度依附于村社。"村社成员视自己是集体和国家的附属物。"④ "不论是何种组织形式的公社，社员都不得任意迁居。理由是全部土地包括宅基地均归村社所有，因此不经过村社同意是不能自择宅址的。实质上，这是'公社主'们借公社'集体主义'来限制、剥夺农奴——公社

---

① 宋希仁等主编：《伦理学大辞典》，吉林人民出版社1989年版，第415—416页。
② 徐勇、叶本乾：《关系叠加视角下的家户制政治形态——以传统汉族地区家户社会为基点》，《云南社会科学》2020年第4期。
③ 徐勇：《东方自由主义传统的发掘——兼评西方话语体系中的"东方专制主义"》，《学术月刊》2012年第4期。
④ 尹绍伟、崔正领：《浅析俄国村社制度的演化》，《黑龙江教育学院学报》2011年第1期。

社员的人身权利，便于其控制与管理而形成的习惯法。"① 其次，从经济自主性上来看，家户拥有农民生产生活所依赖的两个支柱，即"人和土地"，② 家户土地、劳动工具、劳动力等均可独立经营、买卖、租佃和继承，农民始终以家户为本位，具有意识、目标以及行动上的自主性。③ 而俄国村社土地产权公有、定期重分，农民无法独立经营、买卖土地和生产工具，无权获得和支配自己的劳动产品，不具有经济自主性。"中世纪的农奴是束缚在土地上的，他自己既不能离开也不能出卖土地"④，"各个公社相互间这种完全隔绝的状态"⑤ 也导致俄国农民没有任何向外界寻求经济发展的渠道与路径，从而使得俄国农民在经济上更具依附性。

（二）积极的家户与消极的村社

长期形成的制度传统会对社会成员的积极性和主动性产生持久影响，这对家户制和村社制而言也不例外。首先，家户制赋予中国农民更强的生产积极性，村社制下的俄国农民则相对较为消极。具体表现为，在家户制下，农民以家户为基本生产单位，拥有完整的家户产权和对劳动产品的支配权，更有可能激励农民通过精耕细作改善生活境况，甚至改变命运。由此，也塑造和锤炼了中国农民的勤劳品质。正如《吕氏春秋集释·士容论·上农》中所载述："敬时爱日，非老不休，非疾不息，非死不舍。"而村社制遵循平均主义分配原则，无论勤奋和懒惰，农民都能得到村社同等的照料，"人自生出娘胎就有他该得的一块面包"⑥。因此，他们在创造社会财富过程中缺乏内在激励，也难以改变自己的生活和命运，表现为缺乏致富动力的"消极小农"，形成"别太靠前也别太落后"的生活习性。⑦ 其次，从制度结构上，家户制赋予农民更充分的行动自由与社会空间，村社制下的农民则相对更为消极。具体表现为，家户制条件下国家与社会成员的关系主要是

---

① 金雁、秦晖：《农村公社、改革与革命：村社传统与俄国现代化之路》，东方出版社2012年版，第84页。
② 杨懋春：《一个中国村庄：山东台头》，张雄等译，江苏人民出版社2001年版，第48页。
③ 黄振华：《国家治理的家户逻辑：基于田野政治学的分析进路》，《学术月刊》2021年第7期。
④ [美] 费正清：《美国与中国》，张理京译，世界知识出版社1999年版，第32页。
⑤ 《马克思恩格斯选集》第3卷，人民出版社2012年版，第331页。
⑥ [俄] 鲍里斯·尼古拉耶维奇·米罗诺夫：《俄国社会史：个性、民族家庭、公民社会及法制国家的形成（帝俄时期：18世纪至20世纪初·上）》，张广翔等译，山东大学出版社2006年版，第475页。
⑦ [俄] 鲍里斯·尼古拉耶维奇·米罗诺夫：《俄国社会史：个性、民族家庭、公民社会及法制国家的形成（帝俄时期：18世纪至20世纪初·上）》，张广翔等译，山东大学出版社2006年版，第475—476页。

赋税徭役关系，个体成员只要缴纳了赋税便拥有相对独立的自我治理空间，所谓"纳完税，自在王"①。而且家户制下中国农民没有严格的身份等级限制，面对暴政苛政有揭竿起义的合法性，可以"替天行道"，要求"均田地，等贵贱"②。而村社传统塑造的是"村社民主"③，俄国农民对集体主义的崇拜具有压抑个人理性的偏向，"有时会体现为一种缺乏'真宗教'精神的宗教狂热"④。同时，俄国农民与其他社会等级间有森严的等级壁垒，当官方法律与农民习惯法背离时，农民的行为对政府和地主而言并不具有合法性。⑤ 此外，俄国不同阶层的社会规范也互不相容，个体农民的行为一旦偏离村社公认规范，就会被村社的社会监督与惩罚体系予以纠正。因此，俄国农民在政治行动上既无官方"合法性"，也无社会空间，显得较为消极。

（三）流动的家户与稳定的村社

流动与稳定是一组相对的概念。与游牧社会、西方商业社会的高度流动性相比，东方农业社会具有稳定性，但农业社会中的人也不可能完全固定在一处。"因为人口在增加，一块土地上只要几代的繁殖，人口就到了饱和点；过剩的人口自得宣泄出外，负起锄头去另辟新地。"⑥ 因此，在不同的历史社会条件下，东方社会内部也具有流动性与稳定性的相对差异。其一，从横向空间流动来看，家户农民有人身自主性，因而具有更多自主流动的可能；村社农民被强制聚居与劳作，相应只能固定一地，具有更强的稳定性。同时，面对外部环境冲击，脆弱的个体家户极易成为流民，而村社农民依附于村社集体，具有较强的抵御外部风险的能力，从而稳定性更高。其二，从纵向社会流动来看，家户农民跨阶层、跨等级的社会流动远多于村社农民的。家户农民通过勤劳致富或者读书入仕，均有可能突

---

① 黄振华：《编户齐民与中国"大一统"国家形态的构建》，《中国政治学》2021年第1辑。
② 徐勇：《东方自由主义传统的发掘——兼评西方话语体系中的"东方专制主义"》，《学术月刊》2012年第4期。
③ 金雁、秦晖：《农村公社、改革与革命：村社传统与俄国现代化之路》，东方出版社2012年版，第91页。
④ 金雁、秦晖：《农村公社、改革与革命：村社传统与俄国现代化之路》，东方出版社2012年版，第107页。
⑤ [俄] 鲍里斯·尼古拉耶维奇·米罗诺夫：《俄国社会史：个性、民族家庭、公民社会及法制国家的形成（帝俄时期：18世纪至20世纪初·上）》，张广翔等译，山东大学出版社2006年版，第461页。
⑥ 费孝通：《乡土中国 生育制度 乡土重建》，商务印书馆2011年版，第8页。

破阶层和地位的限制，进入更高的社会层级。"在中国，许多地主得以成为地主，就是依靠从事工商活动积累的资本。"① "要出人头地就只能做官……家里再穷也要让子女读书，或者家族供养一个有可能出人头地的学生。"② 相对而言，村社制有着严格的社会等级制度，农民是最低等级，除非获得地主或国家的准许，否则没有制度路径支持农民跨阶级、跨等级社会流动。加之村社管理体制及宗法式思想体系，不仅抹杀了农民流动的制度空间，更奴化了农民跨阶层流动的意识，"个体家庭的发家致富甚至成为一种耻辱"③，"在农民看来，稳定比效率更重要，稳妥比进步更重要……手里的麻雀胜过天上的仙鹤"④。

（四）个体的家户与团体的村社

马克思精辟地指出："我们越往前追溯历史，个人，从而也是进行生产的个人，就越表现为不独立，从属于一个较大的整体。"⑤ 从家户与村社的关系来看，家户无疑更具有个体化的取向，村社的团体化特征则更为凸显。其一，从历史演化进程看，家户制是国家拆解宗族村社与宗法隶属关系、强化税收汲取能力的产物，塑造的是个体家户与个体农民。"民有二男以上不分异者，倍其赋"（《史记·商君列传》），"一夫挟五口，治田百亩"（《汉书·食货志》），直接反映了家户的个体化倾向。而村社制产生于"宗法式的停滞的社会中对联合的狭隘需要"⑥，塑造的是束缚于"封建的共同体形式"的宗法农民，他们具有崇拜集体权威、求庇于村社共同体等宗法倾向。⑦ 其二，从社会文化建构看，家户制是以"祖赋人权"的本体原则构建的一套关于个体成员的位置、权利与责任体系，强调的是个人"得其所得""做其所做"的正义。⑧ 家庭中无论哪一种关系都是由一个

---

① 徐勇：《中国家户制传统与农村发展道路——以俄国、印度的村社传统为参照》，《中国社会科学》2013 年第 8 期。
② 徐勇：《农民理性的扩张："中国奇迹"的创造主体分析——对既有理论的挑战及新的分析进路的提出》，《中国社会科学》2010 年第 1 期。
③ 徐勇：《历史延续性视角下的中国道路》，《中国社会科学》2016 年第 7 期。
④ ［俄］鲍里斯·尼古拉耶维奇·米罗诺夫：《俄国社会史：个性、民族家庭、公民社会及法制国家的形成（帝俄时期：18 世纪至 20 世纪初·上）》，张广翔等译，山东大学出版社 2006 年版，第 477 页。
⑤ 《马克思恩格斯选集》第 2 卷，人民出版社 2012 年版，第 684 页。
⑥ 《列宁全集》第 2 卷，人民出版社 2013 年版，第 208 页。
⑦ 金雁：《村社制度、俄国传统与十月革命》，《陕西师大学报》（哲学社会科学版）1991 年第 3 期。
⑧ ［古希腊］柏拉图：《理想国》，郭斌和、张竹明译，商务印书馆 1986 年版，第 166 页。

成员对另一个成员的责任和义务观念所支配。① 如果一个人履行了指定给他的那部分职责,他可期望这一体系内的其他成员反过来也对他履行他们应尽的职责。② 相比之下,村社制是遵照"集体精神"与平均主义构建起来的,强调的是个体农民与村社间利益一致、社会共质且有机统一的团体关系。村社农民依靠口授与直接传授的方式进行文化代际传承,依靠严厉的社会监督使农民"自我"变成"我们"。"无论在穿着、发式、住宅的摆设上,还是在其他任何方面,农民都不追求时髦……表明个人没有追求个性、追求与众不同的渴望……在涉及整个村社利益的问题上,农民的行为被严格规定,拒不接受的现象极为罕见。"③

四 制度传统与国家性的塑造

国家是由广土众民所组成并受到社会基质深刻影响的共同体。家户制与村社制不仅塑造了两国不同的农民性,也必然会对由民众组成的国家形态及其特性产生深刻影响。具体来看,至少包含三个维度:一是制度传统对基层治理结构与形态的影响,反映的是基层社会与国家权力的结合方式与互动关系的差异;二是制度传统对国家与乡村联结方式的影响,表现为国家与社会联结路径的差异;三是制度传统对现代国家建构路径的影响,表现为现代国家建构方式的差异以及国家介入社会能力的分殊。

(一) 国家的基层治理结构

国家对基层的治理是以一定的人的群体作为基本单元的。基本治理单元的性质决定了由它所组成的上层体系的性质。④ 家户与村社作为两种不同的基本治理单元,使得两国在基层治理结构与形态上也呈现出显著差异。具体表现为,家户制条件下的基层治理结构呈现为家户自治,而村社制条件下的基层治理结构则是典型的村社自治。在中国,"家户作为融社会、经济和政治于一体的单位,具有强大的自组织和自治功能……家庭是一个由于时间序列不同而形成的纵向组织单位,

---

① 许烺光:《宗族·种姓·俱乐部》,薛刚译,华夏出版社1990年版,第53页。
② [美]费正清:《美国与中国》,张理京译,世界知识出版社1999年版,第24页。
③ [苏]波·尼·米罗诺夫:《历史学家和社会学》,王清和译,华夏出版社1988年版,第60页。
④ [美]路易斯·亨利·摩尔根:《古代社会》(上册),杨东莼等译,商务印书馆1977年版,第234页。

由此形成家庭内部的老人权威和长幼有序的秩序……这种权威和秩序是内生的,并内化于家庭成员的精神之中,具有强大的自治力量"①。家户拥有先赋性血缘优势、组织优势、完备的社会功能,是国家治理基层的基本责任主体。② 相对于家户而言,中国的村庄并不是独立的行政和自治单元,村庄公共事务普遍以家户为单位进行。正如摩尔所言:"中国的村庄与其说是生活和功能性的共同体,还不如说是许多农家的聚居地。"③ 与中国不同,俄国的村社既是农民的自治组织,也是官方的基层行政单位,政府的意志通过成为村社的意志得以付诸实施,其核心管理机构是村社大会。④ "从行政警察的角度来看,村社也更加方便,放一群牲口,总比一头一头地放来得轻松。"⑤ 在俄国习惯法中,村社大会的"一致同意"是通过任何决定的前提,虽然原则上每位与会者拥有否决权,但人们轻易不会使用。⑥ 在村社制中,农民被束缚在村社体制下没有自我选择权,村社决定着农民的所有事务。⑦ "人们将村社视为至高无上和万能的存在,谚语说'米尔不受任何人的审判','米尔只受上帝审判'。"⑧

需要指出的是,家户自治与村社自治尽管都表现为一种自治形态,但不同的制度传统导致两种自治的性质和强度有所差异。在家户制条件下,基层社会抵御国家的能力较弱,家户自治更多表现为一种国家"监控"之下的"软自治"。这种"软自治"无法形成可与国家权力相抗衡的力量,更多表现为国家控制之下的"简约治理"。而在俄国,村社不仅是外在的公开化的官方组织机构,也具备内在隐蔽的非正式结构组织。"它由非官方的价值和规范以及由习惯和传统所构成……保证非官方的村社方针得以实施。"⑨ 这意味着,村社具有自我治理的充分正当性

---

① 徐勇:《中国家户制传统与农村发展道路——以俄国、印度的村社传统为参照》,《中国社会科学》2013年第8期。
② 黄振华、常飞:《家户与宗族:国家基础性治理单元的辨识及其逻辑——基于"深度中国调查"材料的分析》,《华中师范大学学报》(人文社会科学版) 2021年第4期。
③ [美] 巴林顿·摩尔:《民主与专制的社会起源》,拓夫等译,华夏出版社1987年版,第166页。
④ 张广翔:《俄国村社制度述论》,《吉林大学社会科学学报》1997年第4期。
⑤ [俄] 谢·尤·维特:《俄国末代沙皇尼古拉二世:维特伯爵的回忆》,张开译,新华出版社1983年版,第392页。
⑥ 张广翔:《十九世纪俄国村社制度下的农民生活世界——兼论近三十年来俄国村社研究的转向》,《历史研究》2004年第2期。
⑦ 苑鹏、陆雷:《俄国村社制度变迁及其对我国农村集体产权制度改革的启示》,《东岳论丛》2018年第7期。
⑧ 《俄国民粹派文选》,人民出版社1983年版,第34页。
⑨ 张广翔:《俄国村社制度述论》,《吉林大学社会科学学报》1997年第4期。

和合法性，是一种自治强度很高的"硬自治"。对此，政府就需要有意识地避免官方法律和村社习惯法之间产生分歧和冲突，并有目的地利用符合法律的习惯法，以便于在村社保证政策的推行、赋税的征收以及警察和行政职能的实现。

（二）国家与乡村社会的联结方式

国家要实现对疆域的治理，必然要与乡村社会建立起有效的联系。在家户制和村社制下，国家与乡村的联结方式和路径有很大差异。在家户制下，国家政权直接掌握国民，联系更为直接，形成了国家对乡村社会及民众的纵向支配关系。这一联结机制，早在秦汉时期便通过"编户齐民"制度得以确立，从而使得个体家户直接享有并承担国家依照居住地赋予的公共权利与义务。[①] "编户齐民"并非一般意义的人口信息制度，而是确立国家责任的重要机制。对于每个户籍单位来说，只有承担一定的国家责任，才能获得相应的国民身份和权利。对此，徐勇认为："'户'是中国独一无二的组织单位……'家'是经济社会单位，'户'是政治单位。'户'的出现具有革命性意义，这就意味着个人从狭隘的地域共同体走了出来，成为更大的共同体——国家的成员。"[②] 通过"户"的建构，国家对广土众民的纵向支配大为增强，并为"大一统"集权国家的形成奠定了基础。[③] "户籍的编排、登记与管理，是与正在形成的集权制国家的军事、治安、赋役制度联系在一起的，反映出国家对民众的控制得到了全面的加强，从而为专制主义集权奠定了基础。"[④] 此外，"户"的设置并不是孤立的，而是与整个国家政治体系紧密联系的。从社会基层来看，国家主要通过乡里制度将家户单位联结起来，形成以"户"为基础的社会控制体系。通过乡里制度，国家将家户单位进一步整合起来，使之成为国家严密控制的对象。"'分家立户'……是帝制时代国家治理体系的基础，皇权从中央，经由郡县，到达乡里，一直延伸到家户，大大提升了国家对社会的纵向渗透和控制能力。"[⑤] "通过郡县、乡里和户籍以及连坐、告奸等制度，

[①] 徐勇、叶本乾：《关系叠加视角下的家户制政治形态——以传统汉族地区家户社会为基点》，《云南社会科学》2020年第4期。

[②] 徐勇：《历史延续性视角下的中国道路》，《中国社会科学》2016年第7期。

[③] 黄振华：《编户齐民与中国"大一统"国家形态的构建》，《中国政治学》2021年第1辑。

[④] 鲁西奇：《"下县的皇权"：中国古代乡里制度及其实质》，《北京大学学报》（哲学社会科学版）2019年第4期。

[⑤] 徐勇：《关系中的国家》第2卷，社会科学文献出版社2020年版，第208页。

千万小农被纳入了政府的紧密控制之下。"①

与之形成对比的是，村社制下由于村社具有实体性，从而将国家与个体分割开来，国家无法直接掌握农民个体，体现为一种间接的联结方式。从起源上看，村社制是自然—人文环境下劳动共同体内生性演变的结果。它"把古斯拉夫人的封闭性、维金人的宗法自治、拜占庭的邻里公社及蒙古人巴思哈制度下的连环责任制融为一体，形成了一种以强调个人对共同体的依附为特征的宗法文化"②。"宁可全部土地归沙皇，只要不归地主"的村社观念，直接导致了俄国式的皇权主义的产生。受宗法共同体传统思想的影响，"俄国人始终认为，一旦享有了控制权，就应当承担起关心、帮扶和庇护被控对象的责任"③。由于传统国家能力不足，导致国家行政机关将乡级公社作为基层行政机关并与之保持直接联系，村级公社由此获得政府公认的自治权。对于农民而言，与国家或其他公社以及任何公社之外的个人之间的联系都须通过村级公社或公社领导人来实现。直到19世纪中叶以前，"俄国的村社仍是一个客观存在着的、富有生命力的机构，它能满足农民的需要，符合农民关于社会组织的理想"④。

（三）现代国家建构的路径

现代国家建构是民族与国家的双重建构过程。家户制与村社制的制度传统与惯性，不仅深刻影响了民族国家建构的方向，同时也对现代国家政权建设产生了深远影响。

其一，家户制是帝制时代的产物，中国的现代国家建构是通过"破家立国"的方式实现的，这在很大程度上破坏了家户制的政治社会基础。相比之下，村社制先于国家政权而存在，"平均"的剥削与"民主"的专制，一体两面地孕育了俄国现代国家建构的内在动力与冲突，并长期伴随其现代国家建构，具有很强的延续性。近代以来，中国共产党建立起强有力的国家政权组织，通过土

---

① 阎步克：《波峰与波谷：秦汉魏晋南北朝的政治文明》，北京大学出版社2017年版，第11页。
② 金雁：《俄罗斯传统文化与苏联现代化进程的冲突》，《陕西师大学报》（哲学社会科学版）1988年第4期。
③ [俄]鲍里斯·尼古拉耶维奇·米罗诺夫：《俄国社会史：个性、民族家庭、公民社会及法制国家的形成（帝俄时期：18世纪至20世纪初·上）》，张广翔等译，山东大学出版社2006年版，第447页。
④ [俄]鲍里斯·尼古拉耶维奇·米罗诺夫：《俄国社会史：个性、民族家庭、公民社会及法制国家的形成（帝俄时期：18世纪至20世纪初·上）》，张广翔等译，山东大学出版社2006年版，第477页。

地改革、人民公社体制全面改造农村基层社会,使村庄而非家户成为中国现代国家的基层组织。"土地改革和税率的提高使国家政权空前地深入自然村。旧日的国家政权、士绅或地主、农民的三角关系被新的国家政权与农民的双边关系取代了。"① 杜赞奇也指出:"共产党政权的建立标志着国家政权'内卷化'扩张的终结。……它从基层开始建立了与国家政权相联结的各级组织。……偷税漏税和贪污中饱直到20世纪50年代实行合作化后才得到最后解决,它使征税单位、土地所有权和政权结构完全统一起来。合作化从政治和经济上均实现了'政权建设'的目标。"② 相较而言,俄国的国家建构以亚历山大二世自上而下的资产阶级改革为开端,在渐进、积累性的改革中逐步废除农奴制,转变国家经济结构,但其建设过程颇为迟缓乃至陷入停滞。在此背景下,村社被保守人士和社会主义者认为是"俄国的独特性",社会主义者甚至将村社视为"社会主义胚胎"。③

其二,由于家户缺乏与国家政权相抗衡的能力,所以中国的现代国家对基层社会始终保有较强的控制能力。相较而言,村社制具有社会与经济职能的二重性,国家政权对其难以消解,以致俄国的现代国家建构接续性地植根于村社制度传统之中,并且依赖村社管理土地、获取税收与资源,导致国家政权介入乡村社会的能力始终较弱。在具体途径上,中国的现代国家建构首先表现为对农民经济权利的控制和改造。④ 在黄宗智看来,"(共产党)政权远不止是个征税者;它意在控制农村的商业,并掌握每家每户的经济抉择权。为了达到这些目标,新政权不仅把触角纵向地伸入农村,而且横向地扩展权力"⑤。这意味着,国家权力可以随时介入和控制社会每一个阶层和领域,但并不必然介入其中,具有"全能主义"的突出特征。在这一过程中,家户制也不断为国家政权所改造,从"破家为国"到争取个体自由,家户制在当代社会日趋消解。而俄国的现代国家建构,首先表现为对村社体制的有效继承。张广翔指出,"将1861年改革后的村社同改革前的村

---

① [美]黄宗智:《长江三角洲小农家庭与乡村发展》,中华书局1992年版,第173页。
② [美]杜赞奇:《文化、权力与国家》,王福明译,江苏人民出版社2003年版,第214页。
③ 张广翔:《十九世纪俄国村社制度下的农民生活世界——兼论近三十年来俄国村社研究的转向》,《历史研究》2004年第2期。
④ 黄振华:《国家与农民关系的四个视角——基于相关文献的检视和回顾》,《中国农业大学学报》(社会科学版)2014年第2期。
⑤ [美]黄宗智:《长江三角洲小农家庭与乡村发展》,中华书局1992年版,第167页。

社进行比较,就会发现村社的结构和职能未发生任何重要变化,不仅未背离改革以前制定的村社生活原则,相反却更严格、更灵活地实行了这一原则"①。苏维埃政权建立初期,列宁也强调"我们的国家机关,除了外交人民委员部,在很大程度上是旧事物的残余,极少有重大的改变。这些机关仅仅在表面上稍微粉饰了一下,而从其他方面来看,仍然是一些最典型的旧式国家机关"②。并且,在苏联时期也并未彻底否定村社制,其社会生活中仍然延续公社制度,如集体农庄、国营农场、国有企业等生产组织,甚至恢复了国家的专制体制和传统统治方式。苏联解体后,地方自治权力纳入宪法,村社实行自治而不受国家政权的强行介入和控制,正式获得宪制保障。③

五 结论与启示

历史比较是一种认识工具,它将不同的对象置于同一时空下进行比较,发现各自的特性。④ 从历史比较的分析范式来看,中国和俄国受各自历史条件的制约,在国家形成和演进的历史节点与特性上呈现出不同的特点。从历史上看,俄国社会以"共产制家庭公社"时期的村社为源起,村社制成为国家的历史根基与基础性制度,而中国由宗族集体村社过渡到"个体家庭开始成为社会的经济单位"⑤后才形成国家,家户制成为国家的基础性制度。本文基于"农民性—国家性"分析框架,将中国和俄国置于历史传统与国家进程的广阔时空之下,比较分析其各自特征。研究发现,家户制下的农民,具有更强的自主性、积极性、流动性和个体性;村社制下的农民,则具有相对的依附性、消极性、稳定性和团体性。在此基础上,中国的基层治理以家户自治为核心,形成"国家—家户"的直接联结路径,中国共产党领导的国家政权在时代发展的进程中,以革命、回归、调适的方式不断形塑新时代的家户传统与基层自治模式,国家对乡村社会的介入能力也不断强化。而俄国的基层治理以村社自治为核心,形

---

① 张广翔:《十九世纪俄国村社制度下的农民生活世界——兼论近三十年来俄国村社研究的转向》,《历史研究》2004年第2期。
② 《列宁选集》第4卷,人民出版社2012年版,第779页。
③ 陈福胜:《俄罗斯地方自治与公社传统》,《俄罗斯中亚东欧研究》2007年第5期。
④ 徐勇:《历史延续性视角下的中国道路》,《中国社会科学》2016年第7期。
⑤ 《马克思恩格斯选集》第4卷,人民出版社2012年版,第180页。

成"国家—村社"的间接联结路径,国家政权建构接续性植根于村社制度传统之中,并且依赖村社管理土地、获取税收与资源,导致其介入和支配乡村社会的能力较低。

人类社会的发展是螺旋式上升的。制度传统形塑了一个国家特有的农民性与国家性,这既是长期历史延续的结果,也是未来国家发展和演进的历史起点与条件。其使得个人、社会与国家以不同的方式和状态走出狭隘的地域,进入"世界历史"进程之中。19世纪以来,中国被迫卷入世界体系,家户制传统与帝制政权面临前所未有的挑战。1949年,中国共产党以革命的方式推翻传统帝制国家,建立人民民主政权及相应的制度体系。由于对家户制传统的积极因素认识不足,我国在很长一段时期抛弃了家户制,并以人民公社体制代替之,结果导致国家建设遭遇曲折。直到1978年,家庭联产承包责任制重新激发了个体家户在生产经营与乡村治理中的基础作用,并成为"中国奇迹"的坚实基础。相较而言,19世纪俄国被卷入世界体系,村社制并没有随着资产阶级革命和社会主义革命而彻底瓦解,而是不断地以改革的方式适应于市场经济、城市化与现代国家进程。随着社会经济的发展,一些村社精英不可避免地离开村社,但村社共同体的精神与实体仍十分强大,众多农民仍然依赖村社。总体上看,无论是中国还是俄国,只要制度传统及其形成条件仍然存在,只要历史传统还可满足国家与社会的内生性需求,历史传统就仍有其存在的合理性。

当然,随着现代国家建设进程的不断推进,家户制与村社制不可避免地遭遇了个体主义的挑战。长远来看,家户制与村社制的消解是人类社会与历史发展的必然结果,但这是一个长期的过程,不可能一蹴而就。就中国目前的发展阶段而言,家户制仍有极强的韧性,例如,在生产经营上,家户经营仍然是主导性的农业生产经营方式;从社会关系上,家户仍然是重要的社会单元,并为现代国家建构提供组织资源;[①] 从文化模式上,家户制内含的责任伦理与家国情怀,仍然深深扎根于中国人的观念和意识之中。"传统犹如人体基因,它具有重复性和可复制性。它不可能被简单地消灭,也难以作最彻底的'决裂'。"[②] 对此,习近平总书记强调:"要重视家庭文明建设,努力使千千万万个家庭成为国家发展、民族进

---

① 徐勇、石健:《社会分工、家户制与中国的国家演化》,《中共杭州市委党校学报》2021年第6期。
② 徐勇:《中国家户制传统与农村发展道路——以俄国、印度的村社传统为参照》,《中国社会科学》2013年第8期。

步、社会和谐的重要基点。"① 现代国家的发展、竞争与演进是以长期形成的制度传统为基础和"起点"的,也必然要求将国家治理体系植根于自身的制度传统之中。这意味着,在推进国家治理体系和治理能力现代化的进程中,必须高度重视长期以来形成的制度传统,并探索符合本国历史社会条件的国家治理模式与发展道路。

---

① 习近平:《在会见第一届全国文明家庭代表时的讲话》,人民出版社2016年版,第2页。

超越官僚制：中国"干部制"的理论渊源与功能

任昊晨　马振昊[*]

[内容提要]　本文以"干部制"作为与韦伯意义上的"官僚制"相对应的"理想类型"，回到中国共产党领导下的干部制本身的理论发展脉络之中，讨论干部、干部制的特质及其超越官僚制的理论渊源和功能。本文认为，在"政党组织国家"的根本逻辑下，干部作为意识形态的承载者，寄寓了建立在理想信仰基础之上的理论清醒、历史自觉和伦理道德；干部作为政治参与的中介者，与群众间建立起区别于以工具理性为基本取向的科层制环境的互动关系；干部作为权力网络的组织者，实现了从组织架构到意识形态的对社会生活的深度嵌入，成为支撑当代中国国家治理能力的关键。干部总体上被赋予了具有积极的政治理想和伦理道德、能够密切联系群众、深入社会组织国家这三个基本特质，这主要源于中国共产党领导的长期革命实践的塑造，干部制在某些方面表现出了能够克服"专家行政""循规蹈矩""冷漠技术"等传统官僚制弊病的潜质，构成了中国制度优势的重要内容。

[关键词]　干部制　官僚制　意识形态　群众路线　中国共产党

作为在韦伯式理想类型中的理性统治形式，"官僚制"被认为是现代国家的标志之一，对"官僚制"的研究成为政治学、行政管理学等学科中的"显学"。在"资本主义—官僚制—现代国家"三位一体的传统政治学命题中，韦伯经典"官僚制"的发育程度和国家发展水平是呈正相关关系的。然而中国人更熟悉的是几

---

[*]　任昊晨，中国人民大学团委，中国人民大学国际关系学院硕士。马振昊，北京大学政府管理学院博士研究生。

乎具有相同含义和用法的词汇——"干部"。这不仅是用语上的差异，也体现了截然不同的运行逻辑和制度特征。不同于经典"官僚制"，中国现行的是中国共产党领导下的一整套干部人事体制。一方面，在西方理论视野中，这并不具备可预见性、法规导向、价值祛除等理性组织的必备要素，① 但另一方面，改革开放以来中国现代化所取得的成就，特别是在抗击新冠疫情、脱贫攻坚等关键时刻，数万、数十万机关干部下沉一线所做的巨大贡献，使人们不得不承认，一批又一批主观能动性强、综合素质高、精力充沛、充满敬业和奉献精神的干部是推动中国发展进步的重要因素。毛泽东对此有过让人耳熟能详的精辟论述，"政治路线确定之后，干部就是决定的因素"②，邓小平延续了毛泽东的判断，"正确的政治路线要靠正确的组织路线来保证"③。用今天中国人更熟悉的中国共产党治国理政的话语体系来表述则是，"办好中国的事情，关键在党，关键在人"④。

尽管很多学者已经对"干部制"究竟在哪方面不同于"官僚制"进行了讨论，但更重要的问题在于如何理解"干部制"存在的历史合理性和制度潜力。围绕这个问题，需要回到中国共产党领导革命、建设和改革的历史之中，还原"干部"的概念产生及流变，理解"干部制"的制度特征和运行机制，这样的研究不仅对于理解"干部"的角色和行为逻辑等问题来说是有益的，而且对于提炼本土话语和经验也是很有意义的。

一 "干部"的复杂性与两种研究进路

"干部是中国政治中一个重要但含义不清的概念"⑤，正因为很难从西方政治学中找到完全对应的概念，因而具有鲜明的"中国特色"。即便是在中国，在不同历史阶段，在"干部—群众""干部—公务员""干部—干部身份"等几组对应关

---

① Birney Mayling, "Decentralization and Veiled Corruption under China's 'Rule of Mandates'", World Development, No. 53, 2013.
② 《毛泽东选集》第2卷，人民出版社1991年版，第526页。
③ 《邓小平文选》第3卷，人民出版社1994年版，第380页。
④ 《习近平对党的建设和组织工作作出重要指示强调 深刻领会党中央关于党的建设的重要思想 不断提高组织工作质量》，《人民日报》2023年6月30日第1版。
⑤ 杨光斌：《当代中国政治制度导论》，中国人民大学出版社2015年版，第57页。

系中含义也各有不同。① 与群众对应的"干部",强调干部宣传党的纲领和意识形态、执行党的路线政策和组织联系群众的作用,包含了领导与追随、服从与管理的关系和格局;与公务员对应的"干部",更加强调"党管干部"原则,深刻嵌入科层制之中;作为身份的"干部",则是计划经济体制下劳动人事制度的产物,通常和一定的职业或社会地位相联系。

围绕干部制的研究大致有两个理论视角。其一是组织社会学、组织行为学、行政管理学等学科视域下的官僚制理论视角;其二是以新儒家为代表的一些学者试图从传统文化精神中汲取思想资源,选择的士大夫政治的传统视角。

经典官僚制认为,建立在法理性支配基础上的理性官僚制是体现了现代人理性生活的"范例",科层官僚制发展的程度和国家现代化程度完全正相关,且是后者的决定性因素。从早期的"岗位责任制""目标管理责任制"到后来的"绩效评估""绩效奖励"的确立,激励契约机制更加常规化、制度化,有学者据此认为中国已经建立起现代官僚制的组织架构。但也有学者认为中国理性官僚制建构表现出严重的不足,其基本依据在于执政党在推进国家治理时,由于系统性、战略性与协同性的实际需要,在"政治"与"行政"之间灵活切换。干部不仅不被要求政治中立,相反,"又红又专","红"在"专"前,政治忠诚与技术治理之间其实存在着矛盾和张力。一些学者据此创造了"政治官僚"②、"政治科层制"③、"融价值理性和工具理性为一体的复合官僚制"④、"融合型官僚制"⑤、"双重层级的现代官僚体系"⑥、"以传统官僚制为起点,以理性官僚制为追求的某种混合的中间形态"⑦ 等概念,不一而足。此外,还有许多学者通过提炼"压力型体制"⑧、"晋升锦标赛"⑨、"行政发包制"⑩、

---

① 在中国,"干部"一词从日本转译而来,最早出现在 1901 年的《明治政党小史》中。中国共产党第一次使用"干部"是在 1922 年的二大《党章》中,它指的是一些地方委员会所指定的机关中若干人员,参见陈凤楼《中国共产党干部工作史纲》,党建读物出版社 2003 年版。
② Ezra Vogel, "Political Bureaucracy: Communist China", in L. Cohen, J. Shapiro, eds., *Communist Systems in Comparative Perspective*, New York: Anchor Press, 1969.
③ 丁轶:《反科层制治理:国家治理的中国经验》,《学术界》2016 年第 11 期。
④ 张璋:《复合官僚制:中国政府治理的微观基础》,《公共管理与政策评论》2015 年第 4 期。
⑤ 秦前红、胡南:《论中国共产党党组制度的逻辑展开》,《吉首大学学报》2020 年第 4 期。
⑥ 颜昌武:《党政体制下的中国行政国家建设:特色与路向》,《暨南学报》2019 年第 4 期。
⑦ 庞明礼、陈念平:《担当:一种科层运作的效能转化工具》,《江苏行政学院学报》2021 年第 1 期。
⑧ 参见荣敬本等《从压力型体制向民主合作体制的转变:县乡两级政治体制改革》,中央编译出版社 1998 年版。
⑨ 参见周飞舟《锦标赛体制》,《社会学研究》2009 年第 3 期。
⑩ 参见周黎安《转型中的地方政府:官员激励与治理》,格致出版社 2008 年版。

"运动式治理"①、"革命教化政体"②、"项目制"③ 等理论,从政治体制的结构性矛盾讨论其对政治行为的影响,把干部行为理解为执行党的人格化意志而不是科层化的法定程序,使得干部制呈现出"把行政问题转化为政治问题的趋向",这与韦伯式官僚制恰恰相反。④

在韦伯看来,帝制中国"家产官僚制"的内在运作"精神",体现在作为中国官僚制的担当者的士大夫并非事务性专家,而是饱读儒学经典、追求人格上和道德上完满的理想文化形象。⑤ 士大夫视角正是从中国古代士大夫阶层的特点出发,强调干部的道德内涵与历史脉络。阎步克指出,中国古代官僚并非职业文官,而是从知识文化群体中孵化而来,其本质是承担着被王朝奉为正统的儒家意识形态的士人,即"士大夫"。⑥ 实际上,早在延安时期,刘少奇在《论共产党员的修养》中就提出了"修养"这个具有鲜明"功夫论"色彩的词,这是中国共产党具有原创性、本土化和民族色彩的理论,超越了马克思、恩格斯、列宁、斯大林对路线、方针、政策的强调,开创了国际共运历史上从党员的思想理论修养和党性锻炼入手加强党的组织建设的新路径。⑦ 近些年来更多学者在探讨"中国模式"时,把中国共产党及社会主义发展置于中华文明演进的视域下,认为"干部"接续了古代中国政治文明的士大夫传统。一些关于"中国模式"的研究者将"先进性团体"作为中华文明的重要特征,这样的团体在古代是儒家士大夫,近代以来则是中国共产党,当然其实是在讲支撑中共组织架构的干部集团。⑧ 姚中秋讨论了"士大夫"作为"政治家角色"的一面,认为干部"可视为士大夫之新生强化",与士大夫有构成上的传承性;⑨ 谢茂松等也认为中国共产党的领导是对传统文官政

---

① 参见周雪光《中国国家治理的制度逻辑:一个组织学研究》,生活·读书·新知三联书店 2017 年版,第 86—120 页。
② 参见冯仕政《中国国家运动的形成与变异:基于政体的整体性解释》,《开放时代》2011 年第 1 期。
③ 参见渠敬东《项目制:一种新的国家治理体制》,《中国社会科学》2012 年第 5 期;周飞舟《财政资金的专项化及其问题兼论"项目治国"》,《社会》2012 年第 1 期;折晓叶《县域政府治理模式的新变化》,《中国社会科学》2014 年第 1 期。
④ 参见周雪光《运动型治理机制:中国国家治理的制度逻辑再思考》,《开放时代》2012 年第 9 期。
⑤ 参见[德]韦伯《支配社会学》,康乐、简惠美译,广西师范大学出版社 2004 年版,第 162 页。
⑥ 参见阎步克《士大夫政治演生史稿》,北京大学出版社 2015 年版,第 3 页。
⑦ 王双梅等:《刘少奇与中共党史重大事件》,中央文献出版社 2001 年版,第 136—137 页。
⑧ 参见齐仁《论中国模式:中国化马克思主义的历史道路》,《文化纵横》2010 年第 5 期。
⑨ 姚中秋:《领导型治理者:对士大夫的历史政治学研究》,《江苏行政学院学报》2021 年第 2 期。

治的继承，以党的组织纪律克服士大夫政治的低组织度和党争；① 刘建军认为中国共产党的干部精英将政治家导向和官僚导向融为一体，形成了"使命政治"，其"使命意识"由儒家天下观念而来，不同于体现为选举的西方"责任机制"，而是一种"塑造新型干部精英的文化—心理机制"。② 这些观点试图基于"文明史"的视野，揭示社会主义与儒家传统精神内在的深层关联，把中国共产党及其意识形态本土化过程解释为一种"儒化"的过程。

总体来说，官僚制理论和士大夫政治传统两种研究路径从不同理路揭示了干部的特别之处，形成了具有启发性的丰厚知识积累。但是，如果基于理性选择主义的路径，以经典官僚制作为理论资源，视"干部制"为一种特殊的、变形的"官僚制"形态，其结果是对干部制诸多特殊政治制度安排、政治文化的忽视，"干部"只是一种扭曲的"官僚"，两者没有本体论意义上的区别。在政治主体层面，将干部简约化于一定的官僚制度框架内，使其成为计算个体政治经济利益并彼此博弈的抽象"理性人"；在政治文化层面，以"理性化"和"日常化"的程度为标准评判干部制的制度价值。不可否认的是，干部制与官僚制在科层化、专业化、文牍制、委托代理关系等方面具有类似的制度表现，但在组织动员方式、政治精英的评价遴选标准、与意识形态的亲和度等方面存在较大的差异，仅仅从官僚制视角观察干部制，便无从理解中国的行政体系的运作规则、意识形态内核及其中行动者的抉择。其理论背后是"西方中心论"的单向度线性史观，将西方"理性化"的文官体系作为行政体系现代化发展最终目标的"后见之明"。

回顾中国政治历史文化传统以及百年来干部制建设的历史进程，可以说，中国选择干部制的原因很大程度上正在于对官僚制局限性的克服，而这一对官僚制的修正不仅是一种面对现代国家建设形势的必要选择，而且在中国的政治文化传统中是一股深刻的潜流。相比之下，延续士大夫政治传统的"文化人"颇具新意，强调两千多年深厚的儒家文化传统对干部行为的内在制约，力图重构一种接续"道统"的政治文化，其问题在于中华文明基因的影响虽然难以忽视，却无法进行经验上的证实。更重要的是，中国共产党曾在很长一段历史时期内表现出激进的反传统主义倾向，其彻底的社会革命往往被认为造成了文化断裂，对"士大夫"精神的理解尚存争议，传统文化与共产主义意识形态之间的张力也始终处于紧张

---

① 谢茂松、牟坚：《文明史视野中的70年》，《开放时代》2019年第5期。
② 刘建军：《新型精英与使命政治：共产党执政体系的干部制度基础》，《学术争鸣》2010年第11期。

的调适和弥合之中。

　　本文认为，应当重塑作为主体性分析概念的"干部"，因为无论是"理性人"还是"文化人"视角，其共享的理论前提都是把干部制作为既定的社会存在，而忽视了形塑当代中国干部制的历史进程，有意无意、或多或少地淡化了使"干部"成为"干部"的两个最重要的因素："政党"和"革命"。以政党领导革命的方式重组国家是迥异于西方路径的中国现代国家建构之路。①"政党主导"是中国现代化发展的基本政治逻辑。②部分研究者在把干部制和官僚制放在一起讨论时，似乎忘记了马克思是如何尖锐地批判官僚政治、如何热情欢迎"巴黎公社"的。在马克思主义的经典国家学说中，官僚制原本就与无产阶级的政权不兼容。这是中国作为社会主义国家确立不同于官僚制的干部制的基本理论依据。由此来看，干部制本身应当作为一种和官僚制相对应的"理想类型"。回到当代中国干部制的理论和实践起点，或许正是理解干部制特殊意涵的钥匙。

　　本文将试图通过考察马克思主义经典作家对官僚制的批判，从本质上把握官僚制与干部制的不同，从干部所具有的意识形态属性、密切联系群众、深入社会组织国家这三个特质入手，分析干部制形成的历史逻辑，从本体论意义上寻找干部制的理论意涵。

二　从社会公仆到先锋队："干部"的理论基础

　　作为社会主义实践中孕育出来的重要概念，我们对"干部"的理解首先应当回到经典作家的重要论述之中。马克思主义的国家观建立在阶级分析的历史理论基础之上，认为作为国家机构一部分的官僚制是特定历史条件的产物，最终会随着历史条件的变化而消亡。在共产主义社会里，国家作为政治统治的职能将不复存在，只需要保留社会管理职能，而在消灭了私有制但国家没有彻底消亡的社会主义阶段，行使公共权力的只能是"社会公仆"。列宁在领导俄国革命的进程中创立了"先锋队"政党，并且进行了消灭"官僚制"的大胆探索，干部从"先锋队"政党中脱胎而成，并且成为社会主义国家权力的实际掌握者。从"社会公仆"到"先锋队"，经典作家的官僚制批判和革命实践揭示了干部不同于官僚的

---

① 杨光斌：《政治变迁中的国家与制度》，中央编译出版社 2011 年版，第 182—219 页。
② 林尚立：《当代中国政治：基础与发展》，中国大百科全书出版社 2017 年版，第 110 页。

深层次理论逻辑,也奠定了在社会主义的中国建立起干部制度的理论基础。

马克思虽然没有对官僚制进行专门论述,但他的唯物史观最初即从批判黑格尔法哲学中有关市民社会和政治国家的思想开始。① 与黑格尔"国家决定社会"论不同,恩格斯把国家与社会的分离看作历史的过程和现实的存在,明确指出"决不是国家制约和决定市民社会,而是市民社会制约和决定国家"②。因此国家的本质不是虚幻的社会共同体,而是阶级矛盾的产物,是阶级统治的工具,而且是从社会分化出来的管理机构。

马克思猛烈批判黑格尔把国家官僚机构作为社会利益普遍代表的说法,认为现代官僚制根本不具有独立性,而是受资本主义的经济政治制约,也会随着资本主义的消亡而消亡。官僚制不仅不具有独立性,相反会使得"国家的目的变成了他的私人目的,变成了追逐高位、谋求发迹"③。因此,就不难理解马克思如此描述路易·波拿巴时期拥有庞大官僚和军事机构的法国资产阶级国家机器——"俨如密网一般缠住法国社会全身并阻塞其一切毛孔的可怕的寄生机体"④。

在马克思看来,私有制与管理者对管理知识的垄断共同构成了官僚政治存在的两大基础。因此,摒除官僚政治的根本在于消灭私有制,而国家是私有制发展到一定阶段的产物。在《哥达纲领批判》一书中,马克思设想在共产主义社会保留下的仅仅是社会管理职能。而在国家并未消亡的社会主义国家里,马克思设想了一种"自我管理制度"来取代官僚制。这种制度将逐步降低支配、领导的功能直至必要的技术的层面,从而摆脱官僚制的压迫统治内涵。⑤

在后来巴黎公社革命实践的基础上,马克思提出了普选制、议行合一、廉价政府等一系列原则,提出"人民自己实现的人民管理制",即不再把管理社会的权力委托给政治权力机构,而是由人民自己掌握。马克思第一次提出"社会公仆"的概念,"也就是把集权化的、组织起来的、窃据社会主人地位而不是为社会做公仆的政府权力打碎"⑥。这些思想成为后来共产党和社会主义国家反对官僚主义,

---

① 参见王沪宁《马克思主义政治学原理》,上海人民出版社2017年版,第97—102页。
② 《马克思恩格斯选集》第4卷,人民出版社2012年版,第202页。
③ 《马克思恩格斯全集》第3卷,人民出版社2002年版,第60—61页。
④ 《马克思恩格斯选集》第1卷,人民出版社2012年版,第760页。
⑤ 唐爱军:《探析韦伯的官僚制思想——兼与马克思官僚制思想比较》,《天津行政学院学报》2011年第6期。
⑥ 《马克思恩格斯选集》第3卷,人民出版社2012年版,第139页。

设计有别于剥削阶级的、真正为人民服务的社会主义政权的理论依据,未来的无产阶级政权应该防止"社会公仆"变成"社会主人"。社会主义国家的干部应当是不同于"官僚"的"社会公仆"。

列宁把马克思的理想变成现实,虽然这种转化经历了深刻的调整。列宁认为社会主义应当消灭也可以消灭官僚制,并且把消灭官僚制同实现真正"民主"的国家形式联系起来,认为不消灭国家权力,就不可能有彻底的民主。列宁把官僚制作为资产阶级国家机器的代用词,将官僚制描述为"专干行政事务并在人民面前处于特权地位的特殊阶层的机关"①。既然无产阶级革命必须"摧毁和打碎旧国家机器",所以当然也包括消灭"官僚制"。其理论依据在于,由于"社会主义将缩短工作日,使群众能过新的生活,使大多数居民无一例外地人人都来执行'国家职能',这也就会使任何国家完全消亡"②。因此工人在夺取政权之后,必须"立刻转到使所有的人都来执行监督和监察的职能,使所有的人暂时都变成'官僚',因而使任何人都不能成为'官僚'"③。正如列宁在《苏维埃政权的当前任务》中概括的那样,苏维埃民主制的社会主义性质包括"废除选举上一切官僚主义的手续和限制",通过先锋队组织吸收群众"参加独立的政治生活",最终达到的目的是"使真正全体人民都学习管理,并且开始管理"。④

然而,俄国十月革命后的现实状况远未达到足以使劳动者自行管理的地步。相反,苏维埃政权建立后形势的变化使列宁认为本当逐步消亡的无产阶级专政反而需要强化和巩固,⑤ 另外,列宁对工农参政能力低下的情况有了更清晰的认识,因此列宁的主张发生了从人民管理制向党代表人民管理国家的转变。⑥ 这当然是突出了布尔什维克党的领导,这与列宁所创造的"先锋队"政党在逻辑上是相互衔接的。由此看来,列宁的建党思想不是对马克思主义理论在纸面上的简单推演,而是在严酷恶劣的政治斗争环境下的产物,其中包括必须建立起职业革命家领导的秘密组织、必须有高度的组织性和纪律性、建立民主集中制的等级制结构、党

---

① 《列宁选集》第1卷,人民出版社2012年版,第147页。
② 《列宁选集》第3卷,人民出版社2012年版,第218页。
③ 《列宁选集》第3卷,人民出版社2012年版,第210页。
④ 《列宁选集》第3卷,人民出版社2012年版,第504页。
⑤ 列宁曾认为无产阶级需要建立一个"立刻开始消亡而且不能不消亡的国家",参见《列宁选集》第3卷,人民出版社2012年版,第130页。
⑥ 黄宗良、高金海:《苏联政治体制的沿革》,春秋出版社1988年版,第13页。

必须有鲜明的意识形态属性等一整套完备的理论。简言之，就是要建立一个从意识形态到组织形态都高度集中统一的"先锋队"。

从这个意义上来讲，干部就是从"职业革命家"中脱胎生成的、在理论上应当"先锋化"的角色。干部不仅仅是一种职业或专业，更是在共产党的严密组织和意识形态教化下，经受过革命斗争的实践考验，而且选择了献身目标和理想的人。干部与党的关系不是简单的雇佣与被雇佣关系，其一切行为的动力源于对党的意识形态的信仰，以及对个人崇高使命的内在认同。正如莫里斯·梅斯纳（Maurice Meisner）所说："在观念上，干部是一个具有高尚的革命价值观，为实现革命目标而献身的无私的人；是一个能完成各种任务，能适应变化的环境和要求的多面手；是一个又红又专的人，但首要的是政治上和思想上红以及潜在的专；是一个忠实地执行党的政策，而且能独立地主动地执行党的政策的人；是一个服从党组织的纪律，同时又和群众保持密切联系的人。"① 离开了列宁式政党，就难以理解干部的如此定义。

三　作为意识形态承载者的干部

是否接受特定的意识形态濡化，是"干部"与"官僚"的重要区别。中国共产党的干部群体，既不同于西方竞争性选举制度下塑造出来的政治交易者（"政治"层面），也不同于追求价值无涉、照章办事、遵循"契约精神"的行政工具（"行政"层面）。相反，在意识形态要求方面，其是试图超越"委托—代理"机制的、建立在崇高理想和信仰基础上的、基于理论清醒和历史自觉的，其有着代表人类发展方向的内在使命感，从而超越了局部利益的局限，将工具理性、价值理性和主体理性相结合，有效地降低了"经济人取向对中国干部制度的侵蚀"②，有学者称之为"从经济人假设走向了党性人假设"③。

欧洲现代国家的建构历史，先是绝对主义君主在不断集中权力的同时，依靠新

---

① ［美］莫里斯·梅斯纳：《毛泽东的中国及其发展》，张瑛等译，社会科学文献出版社1992年版，第147页。
② 刘建军：《新型精英与使命政治：共产党执政体系的干部制度基础》，《探索与争鸣》2010年第11期。
③ 唐亚林：《新中国成立以来中国共产党领导的制度优势与成功之道》，《复旦学报》（社会科学版）2019年第5期。

产生的专业官僚和法律、合议制等,打击各种身份化的团体,建立绝对的统治权威,然后通过议会斗争乃至革命的手段,不断将官僚机构由君主占有到收归国有,从而建立今天意义上的现代民主国家。① 用卡尔·施密特的说法就是,现代国家成为一个超然于各种利益团体和各种社会问题的"中立国家"(stato neutrale)。② 同时,为了避免政党交替执政造成"政党分赃制",为了保持行政的相对稳定,逐渐形成了"政治—行政"二分法基础上的"文官中立原则"(以英国文官制为典型)。

如果说这是韦伯思想的历史资源,那么中国所走上的是一条截然不同的现代国家建构之路。在以士大夫官僚制为重要支柱的帝制崩溃之后,国家权力呈现碎片化的"一盘散沙"状态,新的权威长期得不到确立,国家自主性基本丧失。杨光斌指出,古代中国国家权力的基础不是韦伯所说的欧洲国家的两个支柱——"军队和官僚制",而是儒学和官僚制,而当"支撑传统中国的两大支柱——道德基础和官僚组织系统——基本上瓦解了",国家便处在"双重危机"之中。③ 因此,找到一个能够支撑和整合国家实现现代转型,同时还能够重建核心信仰体系的阶级或者轴心力量是最重要的,这也是近代中国最终选择"政党中心"模式的原因。④

关于意识形态能够发挥的特殊作用,迈克尔·曼(Michael Mann)、查尔斯·林德布洛姆(C. E. Lindblom)、罗伯特·达尔(Robert Alan Dahl)等人都已有经典论述。⑤ 从浅层次来看,中国革命有赖于强大意识形态的动员,而从深层次来看,中国革命本身就必须实现对建立在旧的所有制基础上的观念形态的更替,也就是说,意识形态领域的革命,本身已经内化为近代中国革命的一部分。正因此,无论是要"唤起工农千百万"的共产党,还是要以"先知先觉"启发"后知后觉"的国民党,都选择了充分调动意识形态资源,前者是马列主义、毛泽东思想,后者是"三民主义"。这就是毛泽东多次打过的比方,既要重视"枪杆子",又要重视"笔杆子"。而国共两党所追求的建国目标,都使得国家不会也不可能成为现

---

① 陈涛:《现代国家的中立化及其理念——晚期韦伯的"国家社会学"初探》,《社会学评论》2020年第3期。
② 参见[德]施密特《政治的概念》,刘宗坤、朱雁冰等译,上海人民出版社2018年版。
③ 杨光斌:《政治变迁中的国家与制度》,中央编译出版社2011年版,第182—219页。
④ 郭定平:《政党中心的国家治理:中国的经验》,《政治学研究》2019年第3期。
⑤ 参见[英]迈克尔·曼《社会权力的来源》第一卷,刘北成等译,上海人民出版社2002年版,第30—38页;[美]查尔斯·林德布洛姆《政治与市场:世界的政治—经济制度》,王逸舟译,上海三联书店、上海人民出版社1994年版,第14—15页;[美]罗伯特·达尔《现代政治分析》,王沪宁等译,上海译文出版社1987年版,第55—63页。

代民族国家意义上的政治建制,而只能被"塑造成为一种政治理想或者说政治意识形态的工具性存在"。这种相对另类的国家形式,并没有运行在规范的科层制度基础之上,而是建立在对暴力和思想的垄断性控制基础之上的独特国家结构。① 这就决定了作为支撑结构的"干部"非但不能"中立",反而必须"讲政治"。

另外,在革命年代,中国共产党也必须依靠强大的意识形态进行组织动员。中国共产党对意识形态的诉求超越了一般政党对政治纲领的需求,更体现出一种生存化的策略及顺应社会发展趋势的内在规定性:中国共产党在旧的政治系统中既缺少经济资源,又不掌握国家机器,如果不依赖意识形态资源,政治权力组织的权威—服从关系就无从构建。马克思主义意识形态正弥补了这一点,正如陈明明等指出的,马克思主义以无产阶级的历史使命作为社会契约的基础,其"对参与订约者的吸引力不在于维护和实现一己之利,它的吸引力是理性上的科学预见和直觉上的道德正当"②。

必须依靠强大意识形态的另一不可忽视的重要背景在于,旧中国的革命实际与经典作家关于无产阶级革命的设想之间存在巨大的理论"鸿沟"。即使是工人阶级本身,尚需"灌输"才能有"阶级意识"的觉醒,从"自在阶级"转变为"自为阶级",而中国共产党的现实是"边界各县的党,几乎完全是农民成分的党"③。正是在这种背景下,毛泽东从古田会议开始,逐渐认识到加强无产阶级"思想上的领导"的重要性,形成"从思想上建设党"的主张,系统回答了如何在农民和小知识分子中扩大党的队伍的问题。这就使中国共产党形成了和俄国布尔什维克党不同的建党模式,也就是在政党纲领和阶级基础相背离时,既要求党员在组织上入党,更要求党员在思想上入党,且后者是一个终身追求、永无止境的过程。所谓"思想建党",就是相信通过党内的思想斗争、思想教育、思想改造,使得"个人可以超越阶级出身的局限,在革命过程中,各种阶级出身的人都可以变成革命者"④。这就破除了"唯成分论"的局限,与之相配套的,是通过一整套干部的教育和培养机制,以及包括组织生活会在内的经常性的党内整风,实现对党员客

---

① 任剑涛:《以党建国:政党国家的兴起、兴盛与走势》,《江苏行政学院学报》2014年第3期。
② 陈明明、程文侠:《先锋队政党的构建:从意识形态到组织形态》,《江苏社会科学》2018年第4期。
③ 《毛泽东选集》第1卷,人民出版社1991年版,第77页。
④ [美]马克·塞尔登:《革命中的中国:延安道路》,魏晓明、冯崇义译,社会科学文献出版社2002年版,第190页。

观世界与主观世界的双重改造。

在此基础上，延安整风运动后期，刘少奇第一次提出"马克思主义修养论"的命题，对中华民族传统伦理道德进行了扬弃与改造，把共产党员的党性锻炼和自我改造内化为道德精神层面的"修养"，从而赋予共产党员的"党性"以道德上的意义。从此之后，对党员干部在伦理道德上的要求已经不再是伦理道德这么简单，而是上升为成为一个真正的马克思主义者的先决条件和必备素质。从修养论开始，中国共产党的马克思主义观开始从以"知识真理"为中心，到以"道德理想"为中心。① 也就是说，作为内在层面的"无产阶级道德"及其表现出来的坚强的立场和党性，成为事实上判断一个党员是否是一个真正的共产党员的最重要标准。这种从伦理道德出发，对共产党人理想人格的塑造和约束，不仅大大超越了从个人的家庭出身和知识属性本身出发的局限，更提出了一种具体的、可操作的实现途径。这一套理论在本体论和方法论上统一起来，既回答了干部在伦理道德上"是什么"的应然性问题，更回答了"怎么办"的方法论问题。

四 作为政治参与中介者的干部

官僚制与民主之间存在着复杂的相伴相生关系。官僚制对于民主而言，既是必需的，又存在紧张与冲突。② 在理性官僚制的理想类型中，官僚与官僚组织以契约的方式来任命，与行政工具所有权分离，工作依照明确的制度条文规则化运行。在这样的处事程序下，理性官僚被要求不带任何感情因素，把作为行政客体的人作为无人格的对象，忽略具体的感情和权利，而是抽象为一个个"事例"来平等看待。这种"对事不对人"的特征不依赖于官僚的个人理性，而是高度组织化、科层化的产物，这意味着官僚被剔除了情感性价值，只留下必须按照程序运转的义务和职能。事实上，这种官僚制的组织结构特点因僵化了"官僚—民众"关系的互动而使得大众政治参与在实质上受到了限制。它一方面将合法性建立在严格的权威分层和依照规则的绝对服从之上，使得官僚本身成为机器上的"齿轮牙"，丧失了自身的主体性，另一方面官僚制带来的专业性与信息垄断天然具有封闭

---

① 参见金观涛、刘青峰《开放中的变迁》，法律出版社2011年版，第338页。
② ［德］埃兹昂尼·哈利维：《官僚政治与民主》，吴友明译，桂冠图书股份有限公司1998年版。

性,① 容易以"专业"为名将更大多数的民众排除在公共事务之外。②

结果是,原本作为民主产物的官僚制却成了民主的威胁,原本应当具有服务社会公共属性的官僚制却成了控制人的工具,人成了"铁笼"中的对象。③ 齐格蒙特·鲍曼(Zygmunt Bauman)将其比作"福特主义的工厂",在这之中,人们只能机械地服从,而压缩了智力技能发挥的空间,抑制了人的自发性和创造性。④ 西方后来兴起的"新公共行政运动"和"新公共管理运动",都想从理论上调整管理者与政治家及公众的关系,要求淡化"官僚"的一面,由传统的"行政"转向"管理"和"治理",提倡"回应性服务",试图通过民众的参与来矫正官僚制的集权主义倾向,增强官僚制的合法性。问题在于,所有围绕新公共管理的制度设计都"建立在官僚制组织模式及其运行机制条件下"⑤,而官僚的权威来自科层化的结构及其运行制度,其本身不承担向民众负责的义务这一核心特点却从未改变。

相较于官僚制视野下的"官僚—民众"关系,干部制往往从干部与群众的联系角度来认识群众的政治参与。在实践中,党主要通过干部和群众发生关系,干部是党和群众的中介和联络者。就"党—群众"而言,中国共产党当然首先是工人阶级利益的代表,同时也代表中国最广大人民的根本利益、长远利益。但是这种"代表"身份并不是通过"委托""授权"或"选举"的形式获得的。⑥ 不同于建立在霍布斯的主权让渡理论基础上的、以"委托—代理"为外在形式的"选举式代表",⑦ 中国共产党所具有的天然的代表性的理论基础在于:马克思主义揭示了人类社会发展的必然规律,大工业生产造就了最具有组织性、纪律性和革命性的无产阶级,少数掌握了马克思主义真理的先进知识分子组成职业革命家,在民主集中制原则基础上建立起共产党,致力于无产阶级的解放事业。这种"代表"在表现形式上,不局限于只满足人民眼前的现实利益,更不是在人民群众背后亦步亦趋(列宁尖锐地批评其为"尾巴主义"),这就显著区别于在自由主义民主的

---

① [英]戴维·毕瑟姆:《官僚制》,韩志明、张毅译,吉林人民出版社 2005 年版,第 112 页。
② [德]马克斯·韦伯:《经济与社会》(上卷),林荣远译,商务印书馆 1997 年版,第 314 页。
③ [德]赫伯特·马尔库塞:《单向度的人》,刘继译,上海译文出版社 2006 年版,第 8 页。
④ [英]齐格蒙特·鲍曼:《流动的现代性》,欧阳景根译,上海三联书店 2002 年版,第 38—39 页。
⑤ 张康之:《对"参与治理"理论的质疑》,《吉林大学社会科学学报》2007 年第 1 期。
⑥ 景跃进:《代表理论与中国政治——一个比较视野下的考察》,《社会科学研究》2007 年第 5 期。
⑦ 王绍光:《代表型民主与代议型民主》,《开放时代》2014 年第 2 期。

选举政治下,权力的享有者与权力的授予者之间的关系,也就使干部对于群众的代表,显著区别于官僚对于群众的代表。

官僚的权威来自科层组织本身,而干部则既在群众之中又在群众之外,既要做群众的"先生",又要先做群众的"学生"。在二者的关系中,一方面,人民群众由党来代表,需要党组织动员和教育引导,群众多样的、自发的意见被党整合为系统化、自觉的表达,并转化为实践中的集体行为。所以干部在"密切联系群众"的同时又在身份上有别于群众,干部和群众之间存在着一种"引导—追随"结构。有学者对作为一种政治角色的"群众"在语义上划分了三类含义,分别是将群众作为"尊重、信任和依靠的对象","组织动员的对象","关心、服务的对象",无论是哪种含义,在"党—群众"的关系结构中,都并非单纯的同一性关系,而具有"内—外""主动—被动"的关系,在实际的政治生活中,群众的行动往往体现出应激性、追随性、随机性,而党作为组织群众的中坚力量,其领导则在政治行动中发挥更为主动、持久的作用。① 另一方面,人民群众是历史的创造者,党通过干部代表群众并不意味着党是群众的主人、外在于或者说对立于群众,党和群众应当是一体化的。党的领导本身不是目的,党只是带领人民实现自我解放的"历史工具"。毛泽东曾认为党的组织、政府乃至党员个体、党的领袖,都要"当作工具来看"。② 邓小平的话更能够说明作为"历史工具"的党与人民群众之间的关系:"工人阶级的政党不是把人民群众当作自己的工具,而是自觉地认定自己是人民群众在特定的历史时期为完成特定的历史任务的一种工具。"③

群众路线作为干部及群众之间的"代表""引领""服务"机制,以大众化的群众参与,弥合着科层制结构与民主之间的内在张力。毛泽东最早从认识论的角度阐述群众路线,"在我党的一切实际工作中,凡属正确的领导,必须是从群众中来,到群众中去"。其中包括两个环节,"集中起来",即从群众中集中正确的意见;"坚持下去",也就是把集中起来的正确的意见,贯彻到广大党员群众之中去。④ 群众路线赋予了列宁关于"群众—阶级—政党—领袖"的公式

---

① 丛日云:《当代中国政治语境中的"群众"概念分析》,《中国政法大学学报》2005年第3期。
② 参见赵云献《毛泽东建党学说论》(上),北京大学出版社2003年版,第81页。
③ 《邓小平文选》第1卷,人民出版社1994年版,第218页。
④ 《毛泽东选集》第3卷,人民出版社1991年版,第899页。

以双向互动的含义，被认为"是体现中国共产党政治思想传统的一个极为重要的要素，把中国的共产主义同苏联的共产主义分开"①。群众路线如此重要，以至于后来邓小平把群众路线概括为毛泽东思想三个"活的灵魂"之一，写进了1981年党的第二个历史决议之中。

应当说，在革命战争年代，群众路线所要解决的首先是提高党的组织动员能力的问题。对于共产党而言，能在多大程度上动员多少群众，很大程度上决定了革命能够发展到何种程度。党必须通过调查研究、宣传鼓动等方式，组织动员聚合下层民众、获取并整合政治资源、壮大自身从而夺取政权，进而改变旧的国家社会关系，确立新的政治经济秩序和文化形态。群众路线与其说是毛泽东的发明，不如说是共产党在特定历史环境下，为了达成特定政治目标的必然选择。

如果说群众路线在革命战争年代是一项"生存技能"，因此被毛泽东视作中国共产党的"三大优良作风"之一，那么到了新中国成立后，在大规模的官僚科层化结构建立起来之后，群众路线就成了反对官僚主义和克服脱离群众危险的利器。毛泽东晚年在批评苏联经验时曾经指出："技术决定一切，政治思想不要了？干部决定一切，群众不要了？"②党一方面以大规模的疾风暴雨似的群众运动来打破科层化赖以运转的"条条框框"，实现对社会的进一步动员和控制，另一方面则尝试推动干部联系群众走向制度化。例如中央从20世纪50年代起明确要求领导干部必须参加工农一线的体力劳动，并且要制度化、常态化。另一个典例是毛泽东所概括的，被作为社会主义企业管理典范的"鞍钢宪法"——"两参一改三结合"③。所谓"两参"，即"干部参加劳动、工人参加管理"，这就打破了脑力劳动和体力劳动、生产和管理、分工和登记的界限，让劳动者真正发挥生产管理中的主人翁地位。毛泽东将之与沿袭泰勒制逻辑的"马钢宪法"相对立，④ 这是群众路线在企业管理中的运用，而且从政治民主扩大到经济民主。

---

① ［美］费正清、费维恺：《剑桥中华民国史（1912—1949年）》，刘敬坤等译，中国社会科学出版社1994年版，第35页。
② 《毛泽东年谱（一九四九——一九七六）》第3卷，中央文献出版社2013年版，第317页。
③ 《中共中央文件选集（一九四九年十月——一九六六年五月）》第35册，人民出版社2013年版，第182页。
④ 参见《建国以来毛泽东文稿》第15册，中央文献出版社2023年版，第105页。

应当说，在现代中国已经建立起庞大的科层化结构、具备科层制权力向上集中的内趋倾向的背景下，通过强调干部践行群众路线的责任，科层组织得以在封闭与开放之间寻求平衡。从这个意义上来说，群众路线是科层制自上而下的自我调适，是科层制的自我纠偏。尤为重要的是，相较于官僚制理论中单向、机械的政治参与，群众路线是一种"逆向参与模式"，① 其所强调的不在于基于公民权利的公众参与，而在于基于政治伦理的干部本身的责任，而且使"干部—群众"的关系进入一种动态的、循环往复且"无限逼近"的过程，使人民主权及其"代表"真正地联通起来。在这个过程中，群众路线以其所承载的合法性构建功能赋予干部以革命伦理要求，干部被要求把群众利益放在第一位，并且应掌握"做群众工作的能力"这一必备才能。

五 作为权力网络组织者的干部

无论是作为角色个体来看的"干部—干部"之间，还是作为干部网络的一个结点来看的"干部—组织"之间，抑或是"组织—组织"之间，都存在着一种关系结构，这使得干部比韦伯意义上的官僚更具有渗透力。

中国的国家发展首先要解决的是如何从分散走向集中统一的问题，在党建国家的逻辑下，由于政党顺理成章成为建构国家的主体性力量，党的干部自然作为基本的工具性要素和运作机制，强势嵌入政权体系，成为支撑政权运转的要素。在这个意义上，国家政权的建构过程与干部网络在全国的覆盖、渗透过程是互为表里的。

在革命年代，需要将民众整合进一个组织网络中来，这样既能够防止被动员起来的民众重返分散无序的状态，又可以为后期的革命需要预备随时可以利用的群众资源。这一组织网络包含释放和吸纳两个面向：一方面，党的干部作为政党活动的直接行动者，通过群众路线不断地向民众传递党的路线、方针、政策。另一方面，被动员起来的群众通过共青团、妇联、工会、农会等形形色色的群众组织，被团结、吸纳、固定在党组织周围。最终，通过释放和吸纳两个方向的组织渠道建立起层序性的核心—边层式结构网络，既可以自上而下一

---

① 参见王绍光《不应淡忘的公共决策参与模式：群众路线》，《民主与科学》2010年第1期。

级一级地垂直控制,又能够由内而外一层一层地感染民众,将政治动员推向社会纵深。在这一过程中,干部深刻介入城镇、农村的社会生活之中。在城镇,费正清这样描述解放后刘少奇在天津的工作:把政治组织集中化,把干部重新安排到政府行政机构之中,让传统部门自行运营。① 党一方面派干部接管政权,另一方面按照"用一批、养一批、关一批"的策略,通过思想改造和社会主义教育,吸纳转化一批传统精英。在农村,"共产党不失时机地对社会进行了改组:削弱血亲关系,代之以村社一级团体和群众组织……把阶级分子和党员安置在各种组织的领导岗位上"②,同时通过"工作队下乡"等方式,自上而下,访贫问苦,在农村土地运动中发现和培养一批积极分子,成为党在农村工作的骨干力量。从社会结构来看,消灭了传统士绅后,农村干部取代传统地方精英,成为国家权力在农村社会的延伸,并由此开始主导乡村社会的权力格局,农民将直接面对国家权力;就社会生活而言,"共产党的社会整合的领域里……建立了一支庞大而忠心耿耿的积极分子队伍,能深入到差不多所有社区当中去"③。中国共产党给予精英以干部身份,其目的在于通过"精英国家化",使其在思想上、行动上适应社会主义政权,进一步认同党的领导,成为国家巩固政权的重要力量。④ 总之,新政权通过发展党员和录用新的党政干部,将一部分精英吸纳到革命队伍中来,并通过"党管干部"将其纳入党的严密组织体系之中。这个过程既是革命干部嵌入新政权的过程,也是新政权对旧的社会精英进行政治吸纳的过程,两个过程相互联系、密不可分。

由此,庞大的干部网络的触角伸向社会的各个阶层、各个角落,使新政权在规模、强度和社会控制等方面都达到了前所未有的程度,以此为支撑和载体,促进了新的政治权威的生成以及全社会整合程度的进一步提高。这个干部网络,通过干部把政治生活领域和非政治生活领域联通起来,使得各阶层、各领域的各种组织都被编入"国家机构"之中——无论是城市里的"单位制"组织,还是在农

---

① [英] 罗德里克·麦克法夸尔:《剑桥中华人民共和国史(1949—1965)》,王建朗译,上海人民出版社1992年版,第79页。
② [美] 吉尔伯特·罗兹曼:《中国的现代化》,国家社会科学基金"比较现代化"课题组译,江苏人民出版社1995年版,第387页。
③ [美] 吉尔伯特·罗兹曼:《中国的现代化》,国家社会科学基金"比较现代化"课题组译,江苏人民出版社1995年版,第500页。
④ 余洋:《从精英国家化到国家精英化 我国干部录用制度的历史考察》,《社会》2010年第6期。

村的"工农商学兵"一体化、政社合一的人民公社，都被赋予一定的行政级别，这种级别本身就体现在负责的干部身份上——干部不仅仅支撑起国家权力运转的行政体系，更支撑起整个社会的"大共同体"，这个干部网络把党的干部、政府干部、企业干部、群团干部甚至党外干部都纳入按照行政级别（初级、中级、高级）划分的"国家干部"体系，使各个级别、各条战线的每一个干部都进入自上而下、各司其职、一一对应的等级阶序和身份标识之中，使得中央—地方关系、条—块关系、部门间关系等都纳入建立在民主集中制基础上的党的组织体系之中。党可以根据工作的需要调配使用"党、政、军、企、事、群"全方位、各领域的干部，使党的组织资源得到最大限度的发挥，从而使"党—干部"的关系达到"如身使臂，如臂使指"的地步。重要的是，这种总体性的权力支配机制使整个国家都进入高度科层化的结构之中。党和国家通过横向到底、纵向到边的"干部网络"真正"组织起来"了。

其中，"党管干部"及其相关的"归口管理""党组制""请示报告制"是核心制度安排，离开了"党管干部"的"干部网络"，再庞大、覆盖再全面，都会失去"组织起来"的支撑机制。可以说，"党管干部"是落实党的领导、发挥党作为国家轴心和支配作用的最根本的方式，是增强权力网络韧性、国家治理灵活性和组织性，保证领导核心地位的重要原则。

最早系统阐释"党管干部"内涵的是斯大林。基于"干部决定一切"的重要性，从斯大林时代开始，在理论上和实践上逐步形成了上级组织和领导个人来直接指定或任命干部的做法。这里的"管"，当然主要是强调党在干部职务任免上的绝对权威。这一套理论直接影响了后来的中国共产党，但值得注意的是，虽然"党管干部"几乎从党成立之日起就付诸实践，但真正作为一项基本原则被提出来，是在1989年8月《中共中央关于加强党的建设的通知》之中，这是对党的十三大提出的"党政分开"的一个回应，实际上更加凸显了党在"党管干部"这个问题上更加清醒、更加坚定的理论自觉。

事实上，作为党的路线、方针、政策载体的干部所具有的工具性，决定了塑造什么样的干部、怎样塑造干部，不仅影响着干部本身的成长，而且决定了党的政治目的的实现。党"管"干部，不仅在于任免环节，而且要贯穿培养、选拔、管理、考核、监督全过程，根本目的在于保证始终有一批干部能够忠实地贯彻、执行党的政治方针。不难理解，"党管干部"的深层逻辑还是党的

"历史工具论"。毛泽东早在革命年代就曾经这样讲过,中国共产党的重要任务,就在于把革命中涌现出来的积极分子"组织他们,培养他们,爱护他们,并善于使用他们"[1]。也就是说,把干部管住管好,是党的基础性、经常性工作。习近平总书记则指出,好干部的产生"一靠自身努力,二靠组织培养"[2]。这里的"组织培养",既体现在对干部个人给予良好的平台环境和发展空间,也体现在"组织路线服务于政治路线",即选拔、培养和任用符合党的中心工作要求的干部,这当然也属于"党管干部"的范畴。历史上,不同时期分别有不同的"好干部"标准,随着中心任务和重点工作的转移,配套锻造和输送相应的干部队伍,并且源源不断建立预备性质的"后备干部",一直是党的建设的一项重要任务。新中国成立后,至少有两次大规模的政治精英的群体性转化:第一次是新中国成立初期党的干部全面嵌入新型政权,建构起从中央到地方、从农村到城市、从机关到企业的全方位干部网络,这一时期以出身、革命资历和意识形态为主要标准的政治精英取代了旧官僚;第二次就是在20世纪80年代,随着国家任务转向以经济建设为中心,在干部要"四化"的要求下,具有较高教育水平和专业技术能力的技术型干部取代革命型干部,从而实现了干部队伍大规模的新老交替。这种政治精英的规模性转化的意义在于,党具有对外界环境变化的良好调适功能。

从今天所倡导的国家治理能力现代化的视角来审视"党管干部"制度,杨光斌教授关于"体制吸纳力—制度整合力—政策执行力"的国家治理一般性理论框架颇具启发意义。[3] 在体制吸纳力方面,从"阶级化"的干部录用政策到以考试为主的公务员招录形式的确立,干部队伍的门槛几乎全面开放。此外,党从延安时代即倡导"五湖四海、任人唯贤",除了在干部结构上有意识地吸纳和培养少数民族干部、女干部、党外干部、知识分子干部外,还注重在干部队伍中形成"老、中、青"相结合的年龄梯队,特别是近年来"党管干部"扩展到"党管人才",明确人才工作由党的组织部门来牵头抓总,[4] 这就使得干部队伍在年龄上、结构上、知识层次上都被置于具体规划之中。在制度整合力方面,"党管干部"原则贯穿在各种权力关系之中,干部不只运用行政权力,还通过群

---

[1] 《毛泽东选集》第2卷,人民出版社1991年版,第526页。
[2] 《习近平总书记系列重要讲话读本》,人民出版社、学习出版社2014年版,第163页。
[3] 参见杨光斌《关于国家治理能力的一般理论——探索世界政治(比较政治)研究的新范式》,《教学与研究》2017年第1期。
[4] 参见《关于进一步加强党管人才工作的意见》,人民出版社2012年版。

众路线的中介机制，把作为国家建设核心的党和社会中心力量的人民群众连接在一起，通过民主集中制的组织原则使政党、国家与社会连接在一起。在政策执行力方面则无须详述，大量的关于中国国家能力的一般讨论都是在这个层面，"党管干部"下的干部无疑具有极高的执行国家意志的效能，无论是来自使命驱动还是外在的绩效压力。

结语　一种不同于"官僚制"的理论形态

本文重新审视了"干部制"的典型特征，它与我们熟知的韦伯意义上的"官僚制"存在某些方面的根本差别。回到中国真实的历史场景来看，这是一套在革命中生长出来的制度，今天的干部制是在长期政治实践中塑造的，既是"政党组织国家"这个大的历史脉络的必然产物，又是支撑中国走向现代化的关键性要素。

从历史脉络来看，第一，干部制并未和中国政治传统有明显的断裂，而是在相当程度上延续了士大夫政治传统，同时又融入了马克思主义对精英领导作用的期待和西方官僚制的内容。第二，干部制注重引导和说服群众，使干部的工作始终处在与群众的互动之中，并以此作为政党合法性的来源。第三，干部制不仅仅运用科层化的组织架构来行使权力，而且在一定的结构框架中把整个国家和社会高效地组织起来。干部制并不意味着干部与经典官僚制中的"官僚"形象截然相反，而是试图超越传统官僚制的弊病。

总体来说，理想型的"干部"被赋予了具有积极的政治理想和伦理道德、能够密切联系群众、深入社会组织国家这三个基本特质，这主要源自中国共产党领导的革命实践的长期塑造，干部制在某些方面表现出了能够克服"专家行政""循规蹈矩""冷漠技术"等传统官僚制弊病的潜质，构成了中国特色制度优势的重要内容。当然，"超越官僚制"并不意味着对官僚制的全盘否定，而且干部的三重角色和功能在政治实践当中并不是自然而然出现的，而且常常遇到挑战：意识形态承载功能的本意是教育群众以及破除价值中立可能导致的政治冷漠，但现代化带来的具体利益的群体分化可能使得干部的政治偏好无法满足所有人的心意，进而影响群众对干部的评价和干部对群众的教育效果；政治参与的联络功能可能意味着干部在"技术性"工作外需要主动联系和动员群众，在实践中更加强调干部本身的责任而非群众的能动性；权力网络的组织功能以保障党自上而下的"令行禁止"为主要目标,如何处理好官僚制科层化的刚性和国家—社会、干部—群众之间关系的弹性,也是需要不断思考的问题。正是由于上述问题和挑战的存在,中国共产党才提出了"民主"和"自我革命"这两个跳出"历史周期率"的答案,并努力在理论和实践当中不断探索。

政治学理论

王道世界主义
——对西方世界主义思想的继承与批判*

王金良 叶文杰**

[内容提要] 西方主流的世界主义思想虽然对以往世界秩序的构建做出了一定的贡献,但是作为一种个体主义的世界主义,并没有把"人类"视为独立主体,同时也忽视了世界主义愿景下国家内部的善治。中国传统的"王道政治"理念与世界主义思想相结合的"王道世界主义"可以弥补并统合世界主义思想中的这两个缺陷。王道世界主义以"义"为核心驱动力,将"人类"作为主体。将"善治"理念嵌入王道政治中,建构更加现代化的概念,以"内圣外善治和善治者无外"作为其结构性链条,在承认并包容不同国家和地区之间差异的基础上连接不同层级之间的治理。最后,需要将国家与世界都视为价值性的目的而不是工具,在实现国家善治的基础上最终涌现一个"共同善的世界",以期为未来的全球秩序构建提供规范性指引。

[关键词] 王道世界主义 王道政治 世界主义 国家治理 全球治理

在当下的全球化时代,全球问题的出现与人们对美好世界愿景的向往使得世界主义再度复兴。而西方主流的世界主义思想没有将"人类"作为独立的主体,同时也忽视了全球秩序构建中国家内部的善治。不同国际行为体之间的联系日益紧密,所有人类正在形成一个紧密联系、命运与共的全球共同体,国家治理与全球治理也紧密交织在一起。西方主流的世界主义思想已经无法适应全球化的新发

---

* 本文为上海市哲学社会科学规划课题"中国参与全球治理改革的方案研究"(项目批准号:2021FZX008)的阶段性成果。
** 王金良,华东政法大学政府管理学院副教授。叶文杰,华东政法大学政府管理学院硕士研究生。

展以及全球治理的新要求，因此，人类需要共同追寻并创造新的全球秩序以应对全球化时代的各种风险性和不确定性。本文以中国传统的王道政治思想为理论资源，对西方世界主义思想进行批判与继承，以期为当下以及未来的全球化以及全球治理发展提供规范性指引。

一　西方世界主义思想与王道世界主义

本文首先梳理西方世界主义思想内在的两对张力，即"个人与人类"的关系以及"国家与世界"的关系，进而尝试汲取传统的王道政治思想与世界主义相结合，提出王道世界主义去消弭并统合这两对紧张关系，进而将二者在本文的框架下有机统一起来。

世界主义思潮起源于西方的自由主义，实质上就是基于自由主义的基本理念和理论范畴，将其分析对象从民族国家内部扩展至整个世界秩序。不同的世界主义者所持有的世界主义理念虽然并不完全相同，但是托马斯·博格（Thomas Pogge）指出所有的世界主义理论在以下三个方面还是保持了一致性：一是个人主义（individualism），即所有世界主义理论的终极关怀单位是个人，而非家庭、部落、族群、文化或宗教共同体以及国家等；二是普世性（universality），即个人作为终极关怀单位，每个人的地位都是平等的；三是普遍性（generality），即个人作为终极关怀单位的这种地位是具有普遍性的，在全球范围内都具有效力。[①]《国际关系与全球政治百科全书》认为世界主义有两大核心准则："一是个人主义，将个人视作道德关怀的终极单位；二是普遍性，强调个人作为道德关怀的终极单位适用于世界上的所有人，而非仅仅针对自己的同胞或生活在相同地域的人。"[②] 可以看出，经典的世界主义观排斥将社群作为道德等价值的最终关怀单位，同时也仅仅将独立的个人作为主体，并没有将"人类"作为独立的主体来看待。西方主流的以个体主义为导向的世界主义将会塑造以自由民主价值为主导的文化格局，但目前文化格局已经逐渐转向文化多元化，自由民主价值也日渐式微。[③]

---

① Thomas Pogge, "Cosmopolitanism and Sovereignty", *Ethics*, Vol. 103, No. 1, 1992, pp. 48 – 75.
② Martin Griffiths, ed., *Encyclopedia of International Relations and Global Politics*, London: Routledge, 2005, pp. 139 – 141.
③ 郭忠华：《比较视野下的"百年未有之大变局"——基于世界结构性原则的论述》，《四川大学学报》（哲学社会科学版）2021年第4期。

迈克尔·沃尔泽（Michael Walzer）和大卫·米勒（David Miller）等社群主义者对自由世界主义理论进行了批判。他们认为就分配正义而言，共同体是实施正义的前提条件，民族国家具有自主性，同胞之间的交往也具有特殊责任。因此，政治共同体能够共享一些不能延伸到社群边界之外的身份联系，其内部成员间的互动可以获得某些责任和义务，并将那些共同体以外的成员排除在外。① 贝克（Ulrich Beck）和格兰德（Edgar Grande）提出了反思的世界主义观（reflexive cosmopolitanism），批判了完全排斥国家作用的极端世界主义。他们认为世界主义应当将他者视为平等又相异的伙伴，能够承认并包容差异。② 这在一定程度上缓解了世界主义思想中国家与世界的矛盾性，但是他们并没有着重强调国家治理自身的价值性。高奇琦则汲取中国传统思想的精华，提出"社群世界主义"来调和自由世界主义思想下国家治理与全球治理二元对立的格局；③ 孙国东批判了"超越民族国家的世界主义"的理想型，他认为应当建立"基于民族国家的世界主义"；④ 蔡拓意识到经典的世界主义理论并没有将"人类"作为一个独立的主体，进而提出"全球主义的世界主义"，认为应当将人类整体而非个人作为最终的价值关怀单位。⑤ 以往的研究对世界主义的批判聚焦于"个体"与"人类"的关系或者"国家"与"世界"的关系，并没有从一个视角或者理论出发同时对这两种关系进行分析和整合。本文则尝试从中国传统的王道政治理念中汲取思想资源，并提出王道世界主义对这两对关系进行统合，力图为世界主义理论进一步的发展、为建构新的全球秩序做出可能的贡献。

王道政治是中国古代治国思想中的理想形态，仁义是王道政治的价值基础。⑥ 王道政治理念最初是在周朝的政治实践中表现出来的。西周是以封国的身份取代原来的宗主而称王的，因此其无法诉诸血统的神圣性而论证自身统治的正当性，只能借助抽象的"天命"来进行所谓"顺天应人"的革命。即周人认

---

① Michael Walzer, *Spheres of Justice: A Defense of Pluralism and Equality*, New York: Basic Books, 1983, p. 31; David Miller, "The Ethical Significance of Nationality", *Ethics*, Vol. 98, No. 4, 1988, pp. 647-662.
② ［德］乌尔里希·贝克、埃德加·格兰德：《世界主义的欧洲：第二次现代性的社会与政治》，章国锋译，华东师范大学出版社2008年版，第17—20页。
③ 高奇琦：《社群世界主义：全球治理与国家治理互动的分析框架》，《世界经济与政治》2016年第11期。
④ 孙国东：《迈向"基于民族国家的世界主义"》，《探索与争鸣》2018年第1期。
⑤ 蔡拓：《世界主义的新视角：从个体主义走向全球主义》，《世界经济与政治》2017年第9期。
⑥ 颜炳罡：《仁义的普世价值与王道政治的情理支撑》，《管子学刊》2012年第1期。

为天命是可以转移的，夏和殷商被替代是因为它们的暴政违背了天的意志，天的意志与人的行为是相统一的。① 因此，从西周开始，德性天命观开始凸显。② 正如孟子所言："三代之得天下也以仁，其失天下也以不仁。国之所以废兴存亡者亦然。天子不仁，不保四海；诸侯不仁，不保社稷；卿大夫不仁，不保宗庙；士庶人不仁，不保四体。"③ 德性天命观后来也被儒家发展为以道德教化为基础、以礼治国为特征的王道德政理想。吸收儒家思想的王道政治自然也就重礼法、讲道德、仁爱以及重视教育，最终形成一种人人以他人为重的"伦理本位"④社会。而以法家思想为基础的霸道则不讨论道德、崇尚利己主义和功利主义以及讲究政治统治术。在传统中国的政治实践中，往往并不存在绝对的王道与霸道，而是二者的融合。⑤

　　本文所赞同的王道政治理念是一种理想与现实兼顾、德性统摄武力的政治理念。在王道政治下，国家以军事和经济发展为物质基础，以"仁政"为价值依托，人与人之间形成一种互相以对方为重的伦理本位社会结构，个体与整体之间的关系得到了有机统一。在国家内部实现善治的基础上，国家与世界之间形成了一种无外的世界（天下）格局，国家与世界之间的张力也得到了有效的消弭。赵汀阳从传统中国的"天下"理念与实践中汲取具有普遍性价值的思想资源，提出了"天下体系"这一世界制度概念。"天下体系"是目前影响较大的对世界秩序具有规范指导意义的概念。赵汀阳批判西方以"民族国家"为思考原点的"以国家观世界"的世界观，而汲取"天下"理念倡导"以天下观天下"或者说"以世界观世界"的世界观。⑥ 刘擎的"新世界主义"和许纪霖的"新天下主义"是在赵汀阳"天下体系"理论研究的基础上，欲克服其华夏中心主义的局限，进而寻求"天下体系"对世界秩序发展的普遍性价值。⑦ 这些学者对中国传统的"天下"理念进行创造性转换，他们认为在未来的世界秩序构建中，应当摒弃以"民族国家"为核心的世界观，树立以"世界观世界"的世界观，寻求"天下"理念中的普遍

---

① 刘泽华：《中国政治思想史集》（第一卷），人民出版社 2008 年版，第 24—25 页。
② 李宪堂：《"天下观"的逻辑起点与历史生成》，《学术月刊》2012 年第 10 期。
③ 方勇译注：《孟子》，中华书局 2010 年版，第 131 页。
④ 梁漱溟：《中国文化要义》，上海人民出版社 2018 年版，第 106 页。
⑤ 王鸿生：《中国传统政治的王道和霸道》，《武汉大学学报》（哲学社会科学版）2009 年第 1 期。
⑥ 赵汀阳：《天下体系：世界制度哲学导论》，中国人民大学出版社 2011 年版，第 33 页。
⑦ 刘擎：《重建全球想象：从"天下"理想走向新世界主义》，《学术月刊》2015 年第 8 期；许纪霖：《新天下主义：对民族主义与传统天下主义的双重超越》，《探索与争鸣》2016 年第 5 期。

性价值。"天下体系"论及其发展关注的是国家与世界的关系,而相对忽视了"个人"与作为整体的"人类"之间的关系,并且否定以"国家观世界"的视角。以王道政治理念为基础的王道世界主义不仅关注"个体"与"人类"的关系,也关注"国家"与"世界"的关系,并且对这两对关系进行了统合。同时也认为在构建全球秩序的进程中,"以国家观世界"和"以世界观世界"同样重要,国家善治与全球善治都应当被视为价值性的目标,二者不可偏废。此外,本文用传统的王道政治理念来弥补西方世界主义思想中的不足,并非认为西方的世界主义在当下以及未来的全球治理实践中失去了其固有的价值,也并非想用王道政治完全取缔世界主义,而是对西方世界主义的继承、批判与发展。即在祛除王道政治思想等级意蕴的基础上,运用王道政治去审视并弥补世界主义思想的不足,进而将二者有机结合起来,以构建更具有价值性和可行性的王道世界主义理念,让世界主义思想更加符合全球化与全球治理的未来发展趋势。这同时也是对王道政治理念现代性转换的一种尝试。

  王道世界主义,在最为核心的规范层面上,通过汲取王道政治中"义"的概念,将"个体"与"人类"的关系辩证统一了起来,将人类整体视为世界主义的最终关怀单位。"义"作为传统中国王道政治的核心概念,[①] 强调君主在制定决策时首先要考虑的是民众;民众在进行政治活动时,最先考虑的是(君主)国家。这种理念在实践中会表现得较为理想化,但有助于个人对整体的认同构建以及共同利益的实现。因此,更为合理的理念应当是个体在保证自身根本利益的基础上,达到个体与整体的有机统一。这就极大地减弱了原先个体主义的世界主义可能出现的极致利己主义。在这一进程中,"人类"整体作为独立的主体也会逐步显现,最终真正实现全球主义的世界主义。当世界主义的主体从"个体"变成"人类",国家在实现世界主义中应当扮演怎样的角色?"内圣外善治,善治者无外"结构则解决了这一问题。即世界主义的实现需要以国家的善治为前提。因为国家治理与全球治理是紧密联系的,二者密不可分。主权国家作为掌握经济、政治和社会等的主体,目前还是参与全球治理的重要角色,即使是跨国公司,在资源配置和组织运作等方面依然受制于主权国家的各种约束。[②] 因此,国家在全球秩序的建构中

---

  ① 刘体胜:《义:三代王道政治的首要原则——试论〈尚书〉的义观念》,《学术研究》2016 年第 7 期。
  ② 任剑涛:《找回国家:全球治理中的国家凯旋》,《探索与争鸣》2020 年第 3 期。

应当被视为价值而非工具性的存在。在"义"的理念和"内圣外善治,善治者无外"结构的推动下,最终实现"共同善的世界"。

二 义:王道世界主义的核心驱动力

构建王道世界主义首先要将人类整体视为主体。世界主义强调个人主义、普世性和普遍性,这在全球化深度发展的当下,愈来愈难以为全球治理改革和国际秩序变迁提供行之有效的理论规范以及实践意义上的指导。西方经典的世界主义是一种个体主义的世界主义,人类仅仅被作为一个个原子化的个体所加总的抽象集合,并没有被当作一个真正具有实际意义的"类主体"。

斯多葛学派的世界主义观认为"内在的、不可违反的个人权利的观念,与永恒的普遍的法的观念是联系在一起的"①。康德(Immanuel Kant)认为人本身就是目的,即"每个有理性的东西都须服从这样的规律,不论是谁在任何时候都不应把自己和他人仅仅当作工具,而应该永远看做自身就是目的"②。在经典的世界主义思想中,不仅把最终的关怀单位置于个体之上,同时也会认为所有的人都属于同一个共同体,即所有人都是同一个人类共同体的公民。因为所有的人都共同享有某种最高的权威、最大的正义以及普遍的规律,这种东西在斯多葛学派那里被叫作世界理性、宙斯和"逻各斯",这些在斯多葛学派的体系里都是同一个东西。奥勒留(Marcus Aurelinus)在他的《沉思录》中也指出:"所有的事物都是相互联结的,这一纽带是神圣的,几乎没有一个事物与任一别的事物没有联系。因为事物都是合作的。它们结合起来形成同一宇宙(秩序)。"③ "就好比说逻各斯是一根主要的电话线路,而所有的人都在开一个电话会议,这样就把神和所有的人连贯起来而所有的人之间又相互联系。"④ 奥勒留同时也指出:"如果我们的理智部分是共同的,就我们是理性的存在而言,那么,理性也是共同的;因此,那命令我们做什么和不做什么的理性也就是共同的;因此,也就有一个共同的法;我们

---

① [挪] G. 希尔贝克、N. 伊耶:《西方哲学史——从古希腊到二十世纪》,童世骏等译,上海译文出版社2003年版,第114页。
② [德] 伊曼努尔·康德:《道德形而上学原理》,苗力田译,上海人民出版社2002年版,第52页。
③ [古罗马] 马可·奥勒留:《沉思录》,何怀宏译,商务印书馆1989年版,第56页。
④ [美] 撒穆尔·伊诺克·斯通普夫、詹姆斯·菲泽:《西方哲学史》,邓晓芒等译,北京联合出版公司2019年版,第115页。

就都是同一类公民，就都是某种政治团体的成员；这世界在某种意义上就是一个国家。"① 这种思想逐步发展成从政治、制度和法律上建构世界主义共同体，但丁（Dante Alighieri）的世界帝国理论就是其中之一。他认为统一的世界政体"统治着生存在有恒之中的一切人，亦即统治着或寓形一切可用时间加以衡量的事物中"②。代有康德的国家和平联盟思想，③ 以及贝克等的世界主义的帝国④和赫尔德（David Held）的世界主义政体。⑤ 哈贝马斯（Jürgen Habermas）也提出了商谈伦理（discourse ethics）以及对话世界主义（dialogic cosmopolitanism），⑥ 即人们在社会中以尊重差异和个性为前提，并通过对话、沟通等交往行为最终实现某种程度的整体性和同一性。⑦ 世界主义的经典学者意识到了所有的人都存在着关系，而且在某种意义上都处于同一个世界共同体之中。但是，经典的世界主义理论依然没有将"人类"作为独立的主体，作为世界主义的最终关怀单位，而是仅仅设想在制度、政治和法律层面上会出现一个世界主义共同体。这一原因很可能就如赵汀阳对西方世界观的批判那样，西方的超越国家的世界概念很大程度上只是一个自然的、知识论的单位，并不是一个文化制度单位。⑧

随着全球化进程的日渐深入，个体主义的世界主义无法作为有效的分析工具，所以需要一种全球主义的世界主义来认识和改造世界。全球主义的世界主义将人类作为独立的主体，区别于一个个独立的、原子化的个体的简单汇集。在这种分析框架下，人类的共同利益以及价值诉求等不再简单地显现为所有（至少是绝大多数）的个人利益、诉求以及价值的简单汇聚，而是具有独立意义。因此，世界主义的最终关怀单位如何从个体转变为人类整体，需要汲取传统政治思想资源进行探究。王道政治思想中"义"的原则充当了这一核心驱动力。

具体而言，"义"作为王道世界主义的核心驱动力具有以下内涵。第一，

---

① [古罗马] 马可·奥勒留：《沉思录》，何怀宏译，商务印书馆1989年版，第22—23页。
② [意] 阿利盖利·但丁：《论世界帝国》，朱虹译，商务印书馆1985年版，第2页。
③ [德] 伊曼努尔·康德：《永久和平论》，何兆武译，上海人民出版社2005年版，第22页。
④ [德] 乌尔里希·贝克、埃德加·格兰德：《世界主义的欧洲：第二次现代性的社会与政治》，章国锋译，华东师范大学出版社2008年版，第76页。
⑤ [英] 戴维·赫尔德：《民主与全球秩序：从现代国家到世界主义治理》，胡伟等译，上海人民出版社2003年版，第245—249页。
⑥ [德] 尤尔根·哈贝马斯：《对话伦理学与真理的问题》，沈清楷译，中国人民大学出版社2005年版，第1—42页。
⑦ [德] 尤尔根·哈贝马斯、章国锋：《哈贝马斯访谈录》，《外国文学评论》2000年第1期。
⑧ 赵汀阳：《天下体系：世界制度哲学导论》，中国人民大学出版社2011年版，第29—30页。

"义"的理念承认人类作为独立主体的整体性和共同性的利益。当下以及未来的全球治理需要人们意识到人类是一个整体,具有共同的利益,而不能仅仅以原子化的"个体"参与全球事务的治理。孔子在《论语·里仁》中提出:"君子喻于义,小人喻于利。"①孟子以"民为贵,社稷次之,君为轻"②的超前主张对梁惠王以个人利益为主的决策观进行了批判。同时指出:"王!何必曰利?亦有仁义而已矣。王曰:'何以利吾国?'大夫曰:'何以利吾家?'士庶人曰:'何以利吾身?'上下交征利而国危矣。"③因此,"义利之辨"具体体现为君主在做出政治决策时,首先考虑的是百姓的利益;士大夫、庶人和百姓在参与政治时,首先考虑的是国家的利益。否则,一国之内人人皆为自身谋利,就会出现"上下交征利而国危"的困境。这种"义"的理念被梁漱溟总结为"伦理本位",他认为传统中国并非一种"家本位",而是一种"伦理本位"。"伦理本位"中一个重要的内涵就是"义务"的观念,"所谓伦理者无他义,就是要人认清楚人生相关系之理,而于彼此相关系中,互以对方为重而已"④。正是由于这种伦理本位的理念,传统的王道政治理念才能从"家"一直推演至"天下"这一无外的文化与政治理念。当这种理念被运用至全球治理中,个体和各种群体进行各种活动时,在保证自身根本利益的基础上需要更多地考虑共同生活在这个世界上的其他人。这种"义"的理念最终会塑造出真正整体性的且作为独立主体的"人类",并最终实现人类整体的共同意志、共同价值和共同利益。个体则不应当再继续是建构世界秩序中道德、价值、权利与义务的终极关怀单位,作为整体的人类才是,否则,就无法实现人类整体的共同利益。

第二,"义"的理念强调个体与整体的权利、义务和价值的辩证统一。王道世界主义中"义"的观念并非指人在做出决定时完全不考虑自己的利益和需求,而是指在现代化与全球化发展的当下,人们自身的生存和发展与人类整体已经紧密联系在了一起。不同国家和不同地区之间的经济、社会和生态文明的发展也无法与其他人失去任何联系和纽带。正如上文提到孟子的"义利之辨"中,在理想的王道政治下,君主在做政治决策时,首先想的是民众的利益;民众在参与政治时

---

① 杨伯峻译注:《论语译注》,中华书局2006年版,第42页。
② 方勇译注:《孟子》,中华书局2010年版,第289页。
③ 方勇译注:《孟子》,中华书局2010年版,第2页。
④ 梁漱溟:《中国文化要义》,上海人民出版社2018年版,第108、106页。

首先要考虑的是国家的利益，但这显得过于理想化。因此，需要在保证自身根本利益的基础上，更多地考虑共同生活在这个世界上的其他人。因为在同一个共同体内部，考虑整个共同体的利益才能够保障自己以及整个共同体更好地生产和发展。然而，这首先需要让人们意识到自己是这个共同体内的一个主体，自己属于这个共同体。在这个共同体内部实现个人利益与共同体利益的统一，而每个人对共同体利益的考虑引导着个人利益的实现。因此，从这个意义上说，实现王道世界主义的前提就是要让整个世界中的每一个人类个体都认同人类整体所形成的共同体，每一个个人并非简单的原子化个体，人类是一个整体，进而实现世界的公正与道德价值。此外，将全体人类作为独立主体并不意味着人类内部的无差异性。王道世界主义亦是一种强调文化多元性的世界主义。

将"义"的理念运用于全球治理中，会有效促进不同国家之间的合作共赢，进而形成命运与共的人类共同体。例如，在全球气候治理中，碳排放是各个国家在经济发展中需要优先考虑的因素。从《京都议定书》到《巴黎协定》，在气候的治理原则上体现了由"区别责任"向"共同责任"转变。之前对发达国家和部分经济转型国家的减排行动制定了具有约束力的要求，对发展中国家并无强制性减排规定，现在则强调应对气候变化是全球的共同责任。后巴黎时代的全球气候治理面临多重挑战：气候有益技术公共产品供给不足导致技术缺口加剧；全球气候治理资金机制缺位导致资金缺口严重；新兴经济体正面临经济增长与应对气候变化的双重压力，而气候治理领导力却赤字凸显；碳边境调节机制加剧新型绿色贸易壁垒。[①] 对新兴经济体的发展来说，《巴黎协定》加剧了这些国家所面临的挑战。一方面，它们肩负着经济增长的巨大压力，另一方面它们还对全球的气候变化负有责任。

在全球气候治理中，假若各国都秉持"义"的理念，即在制定有关气候治理的政策时，把自己视为整个人类共同体的一分子，结合自身的发展实际情况，做出能够调和国家利益与全球利益的政策，全球气候治理的"共同但有区别的责任"就能够实现。由于发达国家在前几次工业革命中占有先机，它们的科技优势较为显著，能够更加有效地提供气候有益技术公共产品，在全球气候治理中扮演"领导者"的角色。发达国家可以向发展中国家低价或者免费提供气候有益技术公共产品。新兴发展中国家可以承担起"引领者"的角色，例如中国可以在应用发达

---

① 张慧智、邢梦如：《后巴黎时代的全球气候治理：新挑战、新思路与中国方案》，《国际观察》2022年第2期。

国家的气候有益技术后,在一定程度上减缓气候治理带给经济发展的压力,主动研发自己的气候有益技术。与此同时,中国在已有的"一带一路"的发展基础上,可以将绿色"一带一路"作为平台推动沿线国家的绿色合作,打破新型绿色贸易壁垒。一般的发展中国家则可以在一些特定的国际场合为援助国提供支持。各国之间还可以通过国际组织共同商讨并完善全球气候治理资金机制以及气候有益技术的转让机制等。①

总之,王道世界主义将"义"作为核心驱动力,将"人类"而不是"个体"作为世界主义的最终关怀单位,将人类视为实现共同价值、共同利益和共同意志的主体。这样才能应对全球化的复杂局势及深度发展,全球治理变革的实现才有最为基础的保障。

三 "内圣外善治,善治者无外":王道世界主义的结构化链条

在王道世界主义中,国家与世界都被视为价值性的目的而不是工具。在当下的国家治理和全球治理的改革和理论探索中,都强调多元治理主体的作用,即在国家治理中强调第三方组织的制度化参与,在全球治理中推进多元国际行为体的制度化实践。国家在国家治理中扮演主导性的角色毋庸置疑,但是在全球治理中国家也应当是不可或缺的治理主体。全球化发展至今,国家内部的地方治理、国家治理、超国家的区域性治理与全球治理已经形成了结构化的治理机制。② 在从地方治理延伸至全球治理的过程中,上文所阐述的"义"的观念就在这一结构化的治理体系中由内至外地扩散和蔓延开来。这部分地将王道政治思想中"内圣外王,王者无外"的思想与现代的"善治"理念结合起来,提出"内圣外善治,善治者无外"的结构化链条,促进每一层级的治理都以"义"作为行动逻辑。

在传统中国,王道理念通过"内圣外王,王者无外"这一链条将国内治理与不同国家间的治理统合起来。但是这一治理秩序在具体的政治实践中具有较明显

---

① 于宏源、李坤海:《全球气候治理的混合格局和中国参与》,《欧洲研究》2022年第1期。
② 易承志:《治理理论的层次分析》,《行政论坛》2009年第6期。

的等级性，例如学者所总结的"朝贡体系"①、"华夷秩序"② 与上文提及的"天下体系"等。其中，赵汀阳对"天下体系"的研究格外引人注目。"天下体系"以"家"为最基本的单位，依据"家"所具有的道德和精神，按照"家—国—天下"的链条推衍而展开。③ 赵汀阳认为周朝创造的网络型天下体系是最接近中国思想中的"天下"理念的，但在周朝之后的传统中国虽然一直以"天下"为其世界观，但不再是政治实践。④ 而"王道"政治从其创立以来，在传统中国社会中一直以政治理念和实践赓续着。干春松受到"天下"思想的影响，他将王道政治理念与康德的永久和平论、罗尔斯的万民法、哈贝马斯的思想和贝克的世界主义观等寻求世界正义的理念进行了对比，认为中国传统的王道思想更适合未来世界秩序的完善。⑤ 干春松想要用王道政治来代替西方的世界主义愿景，而本文则强调运用王道政治来弥补西方世界主义的不足，促进二者的有机融合。

　　王道政治中的"内圣外王"原本是指圣人之道与君王之道的统一，即君王首先需要具有内在的美好品德与修养，才能自发地实践君王之道，即首先要"修身"，进而才能实现"齐家治国平天下"。同时"内圣"也指在国家内部实行德治和仁政，即君主将其崇高的品德运用于国家的治理中。因此，本文在借用"内圣"这一概念时指的是在国家治理中实行德治和仁政，而不再讨论个人的圣人之道。秦朝在实践"王者无外"的边疆思想时，以源自先秦时期的大一统理念为基础，欲实现内外无别的理想化境界。⑥ 汉武帝则借助董仲舒公羊学的理论要义，完成了"王者无外"边疆思想的理论构建，为其军事征伐赋予合理性解释和正义色彩。⑦ 由此可见，"王者无外"思想最初与武力征伐紧密联系在一起，经过儒家思想的质疑和改革，汉武帝后期才开始实践和平且包容的"王者无外"的"太平世"愿景。但是，无论后世的帝王如何改革，"王者无外"依然与华夷观念紧密联系在一

---

① 参见张锋《解构朝贡体系》，《国际政治科学》2010年第2期。
② 参见何芳川《"华夷秩序"论》，《北京大学学报》1998年第6期。
③ 赵汀阳：《天下体系：世界制度哲学导论》，中国人民大学出版社2011年版，第34、42—48页。
④ 赵汀阳：《天下体系的一个简要表述》，《世界经济与政治》2008年第10期。
⑤ 干春松：《重回王道——儒家与世界秩序》，华东师范大学出版社2012年版，第30—42、115—153页。
⑥ 袁宝龙：《秦帝国"王者无外"边疆理想的构建、践行及其困境》，《地域文化研究》2019年第3期。
⑦ 袁宝龙：《汉代"王者无外"边疆思想的前期践行与反思改良》，《内蒙古社会科学》2021年第5期。

起。"王"这一概念因其所具有的等级意蕴，与当下的国家治理与全球治理中民主和平等的取向相冲突，所以不再适用于引导未来的规范概念。"内圣外王"和"王者无外"中的"王"代表着实现国家良好治理的过程。现代意义的善治指的是公共利益最大化的治理过程，在国内表现为国家与社会之间达到最佳关系。① 因此，本文用现代意义的"善治"概念来替代传统中的"王"，进而构建出"内圣外善治，善治者无外"的结构化链条。具体来说，是指在"地方治理—国家治理—跨国的区域性治理—全球治理"的治理结构中，首先在低一层级的治理中达到良好的治理状态，由内而外地实现善治，以实现国家之间的"无外"格局，最终在"义"的理念指导下实现人类整体的共同利益。

在一定程度上，全球治理是国家层面的治理和善治在国际层面的延伸。② 因此，善治在全球层面表现为主权国家与国际组织等多元行为体之间的良好关系。在全球层面上实现善治需要每一个主权国家内部先实现善治，进而国家之间达到一种"无外"的关系，即国家内部的善治与国家之间的"无外"关系是最终实现全球善治的前提与基础。接下来将对"内圣外善治，善治者无外"进行具体的论述。

第一，实现"内圣外善治"的核心是国内的德治和仁政。"内圣外善治"意味着国内良好政治秩序的建构是以德治和仁政为基础的。"善治者无外"则指在国内实现"内圣外善治"的基础上，通过平等的经济贸易、社会交往以及文化交流等方式与其他国家进行沟通，不存在异己的排他心理。正如董仲舒的王道理念："故王者爱及四夷，霸者爱及诸侯，安者爱及封内，危者爱及旁侧，亡者爱及独身。"③ 传统中国在践行"王道政治"理念时，与周边的国家所形成的"天下"秩序的确具有等级性质，是一种以中华帝国为核心的国际等级秩序，会运用暴力对周边国家进行军事上的规训。但是在国家稳定以后，就会努力发展经济、政治与文化，通过自身繁荣的文明吸引其他国家对帝国秩序的认同。国家需要以强有力的武力作为后盾，才能塑造安稳和谐的内外部环境，促进文明的发展。因此，在构建当今世界的良好秩序时，需要以国家内部的善治为基础，同时也需要发展国家自身的硬实力。与其他国家实现和平共处，进而实现国家之间的"无外"格局，

---

① 俞可平：《治理和善治：一种新的政治分析框架》，《南京社会科学》2001年第9期。
② 俞可平：《全球治理引论》，《马克思主义与现实》2002年第1期。
③ 董仲舒撰，张世亮、钟肇鹏、周桂钿译注：《春秋繁露》，中华书局2012年版，第316页。

而这种"无外"格局也会反过来促进国家内部的善治建构过程。

第二,"内圣"是"外善治"的必要条件而不是充分条件,制度化的法律也是实现"外善治"的必要条件。同样,需要从传统的"内圣外王"思想中汲取其内核。春秋末期,政治和社会的道德秩序需要重建,孔子的内圣外王之道也突出了人心的改善对秩序重建的作用。但整个社会秩序的构建不是只靠道德层面的完善就可以实现的,还需要一系列外在的制度因素。当王道政治思想传承到荀子时,荀子摒弃了人性善的出发点,认为"人之性恶,其善者伪也"[①]。因此,在荀子的内圣外王之道中更强调"外王",进而实现"内圣",即荀子将礼治与法治辩证统一起来,既重视道德和"礼"对百姓的自我约束,也强调法对百姓行为的外在约束,他将道德与制度、法律进行了高度的辩证统一。不可否定的是,荀子的"外王"理念中更多地强调"刑法"并维护统治阶级的利益。但是,荀子强调道德与政治、法律(制度)相融合的思想在当下的国家治理和全球治理中是值得借鉴的。国家治理实现了"内圣外善治"后,国家以"外善治"为基础去参与全球治理,进而实现整个世界的"无外"格局。在全球治理实践中,国际法和国际组织等规范的制度化便成为全球治理所必要的外在条件。

第三,实现世界范围内的"无外"需要承认不同国家和地区之间的差异,同时"内圣外善治,善治者无外"也是整合国家治理和全球治理的结构化链条。不同国家在参与全球治理并为建构国际秩序而进行互动时,存在差序的同心圆结构,即一国与其在文化或者宗教上相似的国家之间的关系可能会更为紧密,而且随着文明相似程度的减弱,这种关系也会递减。亨廷顿就以文明的视角来理解不同国家之间的关系,他认为存在着以某个文明核心国家为中心的同心圆结构。但是他从文明的视角出发更多地强调了不同文明之间的差异以及冲突。[②] 王道世界主义承认并包容不同文明之间价值观、世界观差异的存在,强调文化的和而不同以达到和合共生。在一国之内也需要允许不同地区之间文化的差异,才能在一国之内真正实现"内圣外善治",进而才能实现国家之间的"善治者无外",最终在全球范围内实现"共同善"格局。而这些都要以"义"为核心驱动力。全球化的发展使得国家治理与全球治理紧密联合在一起,国家内部的治理活动将会影响全球的治

---

① 方勇、李波译注:《荀子》,中华书局2011年版,第375页。
② [美] 亨廷顿:《文明的冲突与世界秩序的重建》,周琪等译,新华出版社1998年版,第129—189页。

理效能，全球范围内的不同国际行为体的活动也会影响国家内部的治理决策。因此，在国家治理的过程中，想要真正实现善治就不能只考虑国家内部的各个群体和组织，还要将全球范围内的其他行为体的利益和需求考虑在内，要深刻认识到自己是人类整体以及全球共同体的一部分，最终要实现的是整个人类共同体的共同利益和价值。

"内圣外善治，善治者无外"这一结构化链条在具体的实践中则表现为：首先，不同国家在参与全球治理时，国家内部要实现良好的治理状态，即表现为经济增长、政治稳定以及社会发展等。目前大多数发展中国家并不能达到这一标准，这就需要发达国家以及新兴发展中国家以"义"的理念进行实践，对一般发展中国家进行经济、科技等方面的援助，即帮助这些国家有效改善国家的治理状况，在国家内部实现"内圣外善治"。与此同时，发达国家和新兴发展中国家的国家治理状况也需要不断完善。例如，美国内部的两党极化和社会撕裂等问题就极大地影响了美国气候政策的稳定性。① 中国也需要进一步深化新能源供给侧结构性改革，完善新能源技术创新政策工具，为全球气候治理中的国家间合作奠定基础。② 其次，发达国家与新兴发展中国家在对一般发展中国家进行援助时，需要尊重不同国家之间的经济、社会和文化差异，不能打着援助的名义对弱小国家实施霸权，不能强行推行本国的政治制度与意识形态。如果大国对弱国实行霸权，或者不同国家之间发生冲突，这时就需要联合国以及各种国际组织根据国际法对这些国家实行制裁。同时，应当建立多中心化的国际组织格局，强化国际条例在全球治理中的认可度和执行力。最后，在跨国家的地区治理中，在相近地理范围内的国家进行这种援助的范围可以更大，程度可以更深。这些国家之间，文化的相似程度也更高，已有的依赖程度和经济交往程度也更深。此外，要高度重视联合国在网络犯罪全球治理中的基础性作用，③ 以及促进中国刑法规则与国际规则的实质融合等，④ 以不断完善全球治理的制度化和法治化。

---

① 赵行姝：《拜登政府的气候新政及其影响》，《当代世界》2021年第5期。
② 于宏源、张潇然、汪万发：《拜登政府的全球气候变化领导政策与中国应对》，《国际展望》2021年第2期。
③ 陈洁、曾磊：《网络犯罪全球治理的现实挑战及应对之策》，《西南大学学报》（社会科学版）2021年第4期。
④ 安柯颖：《跨国网络犯罪国际治理的中国参与》，《云南民族大学学报》（哲学社会科学版）2019年第3期。

总之,"内圣外善治,善治者无外"可以在不同层级的治理结构中充当驱动运转的链条,将"义"这一核心驱动力有效地在整个结构化体系中运转起来。同时将不同层级的治理整合起来,低一层级的治理为高一层级的治理提供基础性保障,而更高层级的治理则创造更大范围的善治环境,最终实现"共同善的世界",为王道世界主义的实现提供善的物质和精神场域。

四 共同善的世界:王道世界主义的目标导向

"共同善的世界"是王道世界主义的目标导向。王道政治以"义"为核心驱动力调和了世界主义的内在张力——以人类而不是个体作为世界主义的最终关怀单位。"内圣外善治,善治者无外"的结构链条突出了国家内部的善治在建构全球秩序中的作用,同时也整合了不同层级之间的治理。在儒家的经典思想中,王道政治一般都以"大同社会""太平世"或者"天下体系"等作为其最终愿景。这些愿景大多想要实现国家之间的和平共处,建构出一种"无外"的格局,因此是有其世界主义意蕴的。但是这些概念在传统中国总会与"华夷一体"或者"朝贡体系"等政治实践结合在一起,会被认为存在着某种民族中心色彩。[①] 最重要的是,这些概念并不能统合"个体与人类"以及"国家与世界"的关系。全球共同体内具有众多相互依赖的共同体,它们都以"义"为核心驱动力,通过"内圣外善治,善治者无外"的结构性链条紧密交织在一起,最终整个全球共同体及其内部的共同体都实现善治,建构起一个"共同善的世界"。

"共同善"理念最早可以追溯至亚里士多德(Aristotélēs),他在《政治学》中即言:"我们看到,所有的城邦都是某种共同体,所有的共同体都是为着某种善而建立的(因为人的一切行为都是为着他们所认为的善),很明显,由于所有的共同体旨在追求善,因而,所有的共同体中最崇高、最有权威,并且包含了一切其他共同体的共同体,所追求的一定是至善。这种共同体就是所谓的城邦或政治共同体。"[②] 他认为存在一个最崇高、最有权威,并且包含了一切其他共同体的共同体,即城邦。而在当下全球化的世界里,最崇高并且包含了一切其他共同体的共

---

① Sinan Chu, "Whither Chinese IR? The Sinocentric Subject and the Paradox of Tianxia-ism", *International Theory*, Vol. 14, No. 1, 2022, pp. 57–87.
② 苗力田主编:《亚里士多德全集》(第九卷),中国人民大学出版社1994年版,第3页。

同体则是人类整体所形成的全球共同体。绝大部分小的共同体实现善治后，进而实现全球共同体的至善，最终建构出一个"共同善的世界"。西塞罗（Marcus Tullius Cicero）也提出了他的共同善理念，即"人民不是人们某种随意聚合的集合体，而是许多人基于法权的一致性和利益的共同性而结合起来的集合体"①。这与本文基于"义"提出的强调人类的独立主体性类似，但是西塞罗的共同善的对象是"共和国"而不是世界，而本文从王道思想中提炼出的"义"的观念则强调人类整体和全球共同体的共同利益与价值。其后，边沁（Jeremy Bentham）② 以及罗尔斯（John Bordley Rawls）③ 在谈论"共同善"时，也都是从个体主义的视角出发的。西方的思想家在讨论共同善时，要么没有将其扩展至世界，要么就是从个体主义的视角出发。

中国传统思想中虽然没有出现"共同善"一词，但是有着与其含义一致的表达，即将个人意志与共同体意志视为一个有机体的理论。例如，根据《尚书正义》记载，武王在伐纣时说："受有臣亿万，惟亿万心；予有臣三千，惟一心。""受有亿兆夷人，离心离德。予有乱臣十人，同心同德。"④ 墨子的"一同天下之义"，也强调了天下人共享"同义"的"整体性的共同善"，将复杂多样的个人意志统一为共同体的意志。⑤ 本文所提出"共同善的世界"将人类作为独立主体，个人与整体的意志达到统一，并且强调国家与世界要共同实现善治，世界作为全球共同体，实现的则是至善。

传统中国的王道政治具体体现在"大一统"实践中，并以"家—国—天下"为链条展开，这并非仅仅指国家内部的"大一统"，同时也具有一定的"天下"（世界）意蕴。⑥《春秋公羊传》中"据乱世、升平世以及太平世"对应着不同层级的王道期许，即"内其国而外诸夏，内诸夏而外夷狄，天下远近小大若一"⑦。

---

① ［古罗马］西塞罗：《论共和国》，王焕生译，上海人民出版社 2006 年版，第 75 页。
② 参见 ［英］边沁《道德与立法原理导论》，时殷弘译，商务印书馆 2000 年版，第 58 页。
③ 参见 ［美］罗尔斯《正义论》，何怀宏等译，中国社会科学出版社 1988 年版，第 510 页。
④ 《十三经注疏》整理委员会整理，李学勤主编：《十三经注疏·尚书正义》，北京大学出版社 1999 年版，第 273、277 页。
⑤ 吴根友、丁铭：《"共同善"视角下墨子"尚同"思想新解》，《哲学动态》2022 年第 3 期。
⑥ 闫恒、班布日：《天下秩序与"大一统"的历史形态——以"夷夏之辨"为中心》，《中国政治学》2021 年第 2 期。
⑦ 《十三经注疏》整理委员会整理，李学勤主编：《十三经注疏·春秋公羊传注疏》，北京大学出版社 1999 年版，第 26 页。

可以看出"太平世"这一词最初就有世界主义的思想内涵。"天下体系"和"太平世"等理念所具有的世界观都是"以天下观天下"或者说"以世界观世界",而不是西方世界主义理念中的"以国家观世界"。① 这种理念与本文所讨论的全球共同体以及最终要建构的"共同善的世界"具有一定的贴合性,但也有一定的不同。本文所要建构的"共同善的世界",除了要"以世界观世界",也要"以国家观世界",国家与世界都是目的,都具有价值性,二者不可偏废。构建"共同善"世界的前提,还要将人类视为独立的主体。因此,"共同善"的世界秩序,是基于人类为独立主体,同时国家与世界都实现善治的全球共同体。

从个体与人类的关系以及国家与世界的关系两个角度出发,将王道世界主义与经典世界主义理论、新帝国主义②理论相比,探索其有何优势。这样能更清晰地认识到王道世界主义何以建构出"共同善的世界"。

首先,比较王道世界主义与经典世界主义理论。相较于西方个体主义的世界主义所要追求的全球秩序,王道世界主义所要导向的"共同善的世界"是一个更具有凝聚力和共同体取向的全球主义的世界主义。在全球共同体中,每个人都要具有"义"这一道德理念。反观西方世界主义的核心三要素:个人主义、普世性和普遍性,都是以原子化的个人为最终关怀对象。即使在世界主义的论述中也能看到与"义"类似的意蕴,正如奎迈·阿皮亚(Kwame Appiah)所指出的:"世界主义者共同接受的一个思想是,任何区域性忠诚,都不能迫使人们忘记,每个人对别人还负有一份责任。"③ 但这一论述仍然强调对社群主义和特殊主义的批判,这里的"别人"依然是原子化的个体而非整个人类所形成的共同体。在这样一种极度强调原子化个体的本质主义和普遍主义的思想框架下,人们打破所有的社群,对整个人类作为一个"共同体"依然无法形成有效而持久的认同,这种理

---

① 赵汀阳:《天下体系:世界制度哲学导论》,中国人民大学出版社2011年版,第33页。

② 本文将王道世界主义与新帝国主义进行比较,是因为"新帝国主义"实质上也具有一定的"世界主义"倾向,新帝国主义追寻的是跨国利益,同时也会形成一种超国家的世界观。例如,大卫·哈维认为新帝国主义表现为两种逻辑:一是指一个国家或超国家的联合体以政治军事力量为后盾,实现其在全世界范围内的政治军事战略目标,即"领土逻辑"。二是指一国的经济权力跨越民族国家边界并在全球范围内扩张,即"资本逻辑"(参见[英]大卫·哈维《新帝国主义》,初立忠、沈晓雷译,社会科学文献出版社2009年版,第29—31页)。换言之,新帝国主义可以被视为资本主义全球化时代下的"霸权式的世界主义"。

③ [美]奎迈·阿皮亚:《世界主义:陌生人世界里的道德规范》,苗华建译,中央编译出版社2012年版,第9页。

念下所要实现的共同利益是虚假的，王道世界主义则打破了这一困境。

与西方世界主义思想相比，王道世界主义所导向的"共同善的世界"更强调在建构全球治理秩序中实现国家内部的善治。虽然经典的世界主义理论家在描绘他们所要实现的蓝图时，也提到了国家的作用。例如康德认为"世界国家"或者世界共和国在实践中是行不通的，而国家间的和平联盟却可以防止战争，导向永久和平。① 在赫尔德的"世界主义共同体"中，国家将会"消亡"，这里讲的消亡是指"国家将不再是，或者说不再被认为是在其边界内具有合法权力的唯一中心"②。包括上文提到的贝克的世界主义的帝国，在他们的世界主义愿景中都有国家的角色。梁启超通过对大同世界主义的反省，也强调了国家在建构世界秩序中的重要作用，③ 但是在他的理论中，国家依然只是工具，而不具有价值性，国家只是作为实现世界主义的工具，国家本身并不是目的。简言之，这些思想家并没有想要实现国家的善治。王道世界主义则强调了国家善治和全球善治的紧密交织性。世界和国家都应当具有价值，二者都是目的而不是工具。在每一个国家内部，每个人都要具有"义"的道德本质，实现"内圣外善治"的格局，同时制定并执行公正的国际法规范、构建多元国际行为体参与的多边主义全球治理格局，进而实现全球范围内的"无外"格局，最终实现人类整体以及全球共同体的"共同善"。因此，国家在实现国家治理和全球治理的善治过程中扮演着极其重要的核心和中介作用，在建构全球范围内的良好秩序时也应当重视国家的善治。

其次，再来讨论那些为帝国主义霸权做合法性论证的新帝国主义理念。第二次世界大战之后，欧美等西方国家处心积虑地建构新帝国主义霸权体系。其实质就是跨国垄断资本主义集团企图实现对于跨国政治的支配、世界经济的主导、全球文化的控制，发展中国家看似主动实则被迫接受发达国家的政治经济操控、文化灌输，依附国处于落后的结构位置并受到支配国的剥削。④ 大卫·哈维（David Harvey）将帝国主义霸权按照时间顺序分为三个时期：生产力霸权时期、军事力量霸权时期以及新自由主义下的金融霸权时期。他从"空间—资本"的角度提出

---

① ［德］伊曼努尔·康德：《永久和平论》，何兆武译，上海人民出版社2005年版，第22页。
② ［英］戴维·赫尔德：《民主与全球秩序：从现代国家到世界主义治理》，胡伟等译，上海人民出版社2003年版，第247页。
③ 王金良：《大同、国家与天下——梁启超的世界主义思想及其意义》，《国际观察》2018年第1期。
④ ［巴西］奥托尼奥·巴斯桑托斯：《帝国主义与依附》，杨衍永等译，社会科学文献出版社2016年版，第327页。

帝国主义下"不均衡的地理发展"。① 萨义德（Edward Wadie Said）则揭示了文化与帝国主义的共谋以及文化帝国主义霸权的实质。② 此外，新帝国主义还呈现出生态帝国主义、数字帝国主义以及空间帝国主义等不同的新样态。新帝国主义通过意识形态领域的占领让其更为隐蔽。同时，新帝国主义以失败国家论、霸权稳定论以及民主和平论为其合法性依据，③ 这些理论都具有一定的世界主义倾向。但是，它们想要依靠资本主义的疯狂全球化为跨国资本家阶层以及西方等发达国家谋利，并不是真正想要实现世界主义。正如左翼思想家哈特（Michael Hardt）和奈格里（Antonio Negri）所说："民族国家只在马克思的著作中扮演着一个临时性的角色。资本主义发展过程决定了全球生产体系的功能是稳定物价和剥削，长远来看，对全球生产体系的所有障碍都会被超越。"④ 进言之，在新帝国主义的相关理论中，国家与世界都是资本扩张的工具。因此，需要推动等级化的国际结构转化为平等化的国际结构，并推动霸权型世界秩序向协商型世界秩序转型。⑤ 王道世界主义强调国家与世界的价值性与目的性，进而塑造平等、友爱以及"共同善"的世界。

表1　　　　　　　　　三种世界主义观之间的比较

	王道世界主义	经典世界主义	新帝国主义
个体与人类的关系	全球主义	个体主义	个体主义
国家与世界的关系	调和且统一；"国家"与"世界"皆为目的，具有价值性	经典的世界主义思想在后期的发展中虽然调和了国家与世界的关系，但是没有强调国家善治的价值性	"国家"与"世界"是跨国资本家阶层与发达国家的谋利工具
目标导向	共同善的世界	较难应对未来全球化与全球治理发展的世界主义	资本全球化的帝国主义体系

来源：作者自制。

---

① David Harvey, *The New Imperialism*, New York: Oxford University Press, 2005, pp. 42 – 74.
② [美]爱德华·萨义德:《文化与帝国主义》，李琨译，生活·读书·新知三联书店2003年版，第415页。
③ 周文、肖玉飞:《新帝国主义批判》，《政治经济学研究》2021年第2期。
④ Michael Hardt and Antonio Negri, *Empire*, Cambridge, Masschussetts: Havard University Press, 2000, p. 236.
⑤ 汪仕凯:《新中心国家与世界秩序转型：中国复兴的世界政治意义》，《社会科学》2022年第3期。

西方的世界主义理论在后期的发展中尽管在一定程度上调和了国家与世界之间的关系,但是它们依然没有强调实现国家善治的价值性,也没有将人类作为独立的主体。欧美等发达国家在全球范围内建构自己的霸权或者帝国主义秩序,以"民主和平论"或者"文明冲突论"为指引而建构的全球秩序,拒斥不同的民主制度和相异的文明体,缺乏包容性。不同的文明和国家由于经济发展、历史遗产和社会环境的不同,自然也会有适合自己的不同的政治制度与经济制度。王道世界主义则承认不同文化与民主制度之间的多样性,主张不同文明在多元差异中和谐共处,实现和合共生,最终塑造公平、正义、友爱的"共同善的世界"。其追求的是多层面、多领域和多主体的扁平化全球治理。① 将人类视作相互依存的整体,进行平等的对话、协商与合作才是摆脱目前全球治理下诸多困境的关键,② 同时也是建构世界新秩序的应有之义。这也符合人类命运共同体所具有的相互依存全球观、共同利益观、可持续发展观和全球治理观。③

习近平总书记指出:"一个和平发展的世界应该承载不同形态的文明,必须兼容走向现代化的多样道路。"④ 根据复杂系统的涌现性,整个世界是复杂的,不同的行为体是具有能动性的,最终整个系统层面会出现在较低层次上所没有的涌现属性,即系统变革。⑤ 不同的国家有其自身所特有的历史、文化和社会背景,选择何种现代化道路应当由国家自身的内部条件和外部环境来决定。现实的全球化世界具有复杂性,不同的国家作为行为体具有主观能动性。不同形态的国家和文明在相互交流的过程中,存在差异并尊重差异,共同协商合作,最终才会在全球层面上涌现出"共同善的世界"。

结　语

王道世界主义消弭并统合了西方世界主义思想中的两对张力,即"个体"与"人类","国家"与"世界"。本文所提出的王道世界主义,首先以"义"为核

---

① 秦亚青:《全球治理趋向扁平》,《国际问题研究》2021年第5期。
② 蔡拓、张冰冰:《从国家主义走向世界主义——自由主义国际秩序的辨析与反思》,《探索与争鸣》2022年第7期。
③ 曲星:《人类命运共同体的价值观基础》,《求是》2013年第4期。
④ 习近平:《坚定信心　共克时艰　共建更加美好的世界》,《人民日报》2021年9月22日第2版。
⑤ 丁榕俊:《国际政治的复杂性理论》,中国社会科学出版社2018年版,第84页。

心驱动力，在全球治理中将人类作为独立的"主体"，打破了西方个体主义导向的世界主义观。其次，通过"内圣外善治，善治者无外"这一结构化链条驱动，统合不同层级之间的治理，强调国家善治和全球善治在构建世界秩序中的目的性与价值性。最后，在尊重并包容不同国家和地区之间的文化差异的基础上，所有国际行为体共享世界权力，最终实现公平、正义且和平的"共同善的世界"。

当下国际局势日趋严峻，"黑天鹅"和"灰犀牛"事件层叠交错，全球治理亟须一种以应对人类共同挑战为导向的全球价值观。王道世界主义与中国所倡导的包容、平等且民主的人类命运共同体理念具有较强的共通性，最终所要实现的"共同善的世界"具有和平、发展、公平、正义、民主和自由的内涵。我们以为，王道世界主义可以为未来的全球秩序建构提供规范性指导。

梁启超的"新帝国主义"理论及其中国史叙事[*]

李 健[**]

[内容提要] 作为推动传统中国政治思想近代转型的关键人物,梁启超在揭露与批判"帝国主义"的同时,敏锐地觉察到现代"帝国主义"的崭新特性,申说"新帝国主义"理论,以启明国人、振人奋起。与传统"帝国主义"不同,"新帝国主义"起于国民的意志,以国民为势力基础,亦以国民的利益为依归,故而相较于依靠统治者一时征服欲望的传统"帝国主义","新帝国主义"引发的扩张浪潮更为猛烈与持久。因此,为抵御"新帝国主义"的侵逼,中国必须遵循"民族主义""民主主义"与"新民思想"三条路径建立国民与国家的关联,建构强大的"国民国家",以顺应"国民竞争"的大势。梁启超有意使他的中国史叙事为此一政治关切服务,其"新史学"超越了传统史学的上层统治集团叙事,而下沉至国民的层面,力图展示中华民族、民主政治与国民性的演变史,从而证成"民族主义""民主主义"与"新民思想"的合理性。可见,"新帝国主义"是梁启超政治理论的基本背景,对梁启超的中国史叙事有着深刻的影响。

[关键词] 梁启超 新帝国主义 国民国家 中国史叙事

一 问题的提出

居于中国政治思想自古趋今、自旧趋新的历史转折处,梁启超为中国政治思

---

[*] 本文为北京大学"双一流"重点课题"政治通鉴"基础研究工程(项目编号:7101602314)、北京大学公共治理研究所学术团队建设重点支持项目"中外政治思想与制度研究"(项目编号:TDXM202101)的阶段性研究成果。

[**] 李健,北京大学政府管理学院博士研究生。

想由传统至近代的转型事业做出了不可磨灭的历史贡献。在张灏看来，在1895年至1925年这段堪称中国政治思想的"转型时代"，梁启超基于儒家经世致用传统接引现代国家与国民思想的探索，是中国政治思想实现过渡的重要依凭。① 梁启超在自由观、权利观、法治观、新民思想、民族主义与社会主义等方面，促进了中国政治思想的思维模式、方法论与概念范畴的历史转型。② 进而论之，梁启超可谓中国现代政治学的重要开创者，其摄取西方政治理论、转化中国政治学说的整体性努力，为中国政治学奠定了基本的学科基础，也留下了许多宝贵的思想财富。③

就"帝国主义"（imperialism）问题来说，梁启超相关的学术思考也具有重要的转折性意义。王锐认为，梁启超出色地揭示了列强危害中国的"灭国新法"，以生动的笔触与翔实的案例揭露列强运用财政与金融等近代资本主义的方式侵逼中国的残酷现实，批判国人对此"暗度陈仓"之计毫不知情乃至乐见其成的幼稚态度，标志着"帝国主义"问题在近代中国的最初发轫。④ 可见，梁启超的"帝国主义"理论在本质上触及了"帝国主义"的"古今之变"。从政治理论的角度来说，梁启超所著《灭国新法论》的要害不在"灭国"而在于"新"：通过论说"帝国主义"掠夺与征服的"新法"，梁启超展示了一种崭新的"帝国主义"，此种"帝国主义"仍旧遵循"灭国"此一"天演之公例"，但不再诉诸军事征服方式，而是借政治（人事）、经济（金融）、文化（价值观）等方式，隐蔽地侵削被征服国家的统治基础，以尽可能降低征服与直接统治的成本，正如梁启超所论：

> 昔之灭人国也，以挞之伐之者灭之；今之灭人国也，以噢之咻之者灭之。昔之灭人国也骤，今之灭人国也渐。昔之灭人国也显，今之灭人国也微。昔之灭人国也，使人知之而备之；今之灭人国也，使人亲之而引之。昔之灭国者如虎狼，今之灭国者如狐狸。⑤

---

① 参见［美］张灏《幽暗意识与时代探索》，广东人民出版社2016年版，第131—170页；［美］张灏《梁启超与中国思想的过渡（1890—1907）》，崔志海、葛夫平译，江苏人民出版社1995年版。
② 参见陈敏荣《梁启超与中国近代政治思想范式转换研究》，中国社会科学出版社2019年版。
③ 参见吴汉全《梁启超与中国政治学的起源》，《学术界》2023年第1期。
④ 参见王锐《"灭国新法"：清末梁启超对世界大势的剖析》，《人文杂志》2023年第1期；王锐《"帝国主义"问题与20世纪中国革命的世界视野》，《社会科学》2022年第7期。
⑤ 梁启超：《灭国新法论》，载汤志钧、汤仁泽编《梁启超全集》第2集，中国人民大学出版社2018年版，第297页。

毫无疑问，梁启超致力于在区分传统"帝国主义"与"新帝国主义"的基础上，充分探究后者这一崭新的政治现象。因此梁启超的"帝国主义"论断实际上是一种"新帝国主义"理论，具有明确的时代意识，并且清楚地意识到此种"新帝国主义"将产生世界范围内的政治影响，中国必须对此做出应对，否则将有亡国灭种之忧。

不过，或许受到学界对"帝国主义"理论淡漠态度的影响，有关梁启超"帝国主义"理论的学术成果仍具有相当的扩展空间。事实上，梁启超"新帝国主义"理论之"新"，并不仅在于其揭露了"新帝国主义"富有时代特色的侵略行径（即梁启超所谓"灭国新法"），还在于其揭示了"新帝国主义"的国民基础，论说了"新帝国主义"与一般国民乃至整个民族之间的紧密关联，将"帝国主义"与"民族主义"（nationalism）结合起来，提出了"民族帝国主义"（national imperialism）这一重要的理论范畴。梁启超"新帝国主义"理论的这一面相促使彼时的读者与当下的我们意识到，随着"民族主义"思潮在世界范围内的扩散，近代的"帝国主义"获得了更为广泛而坚实的国民根基，统合在"民族主义"旗帜下的国民将甘愿担当"帝国主义"扩张的"马前卒"，并为"帝国主义"所谓的"美好蓝图"奉献自我的肉体与灵魂。无论国民与"帝国"之间的联系是一种"为虎添翼"还是"为虎作伥"之举，面临帝国主义威胁的弱国必须付出比以往更大的努力来维护自身的主权独立与领土完整。对包括彼时的中国在内的所有弱国来说，急图政治改革、充分调动国民、塑造国民的政治认同、以国民的"民族主义"对抗国民的"民族帝国主义"，是主权国家在"民族帝国主义"胁迫下自存的唯一途径。故而，可以这么说：梁启超在检省国际政治、提出"新帝国主义"理论的同时，实际上将国内政治与国际政治打通，指出国际政治的变迁要求国内政略的调整，主张国内政略与国际政略的内在统一。

在这个方面，相关的系统研究仍暂付阙如，本文便致力于抛砖引玉。本文将说明，梁启超以"民族帝国主义"为核心的"新帝国主义"理论，如何导向其"民族主义""民主主义"与"新民思想"三大国内政略，又进而影响了梁启超的中国史叙事，促使梁启超从中华民族、民主政治与国民性演变史的角度重构中国历史。之所以要从梁启超"新帝国主义"理论出发、延伸至针对其中国史叙事的讨论，是因为这位"新史学"的倡导者在相当程度上以"新帝国主义"作为"新史学"的思想背景。梁启超希望，经过重构的中国史叙事能为中国的政治变革赋予历史的合法性，能促使中国国民意识到，建构中华民族、民主政治与国民道德不仅是现实的需要，也是历史的要求。故而，对梁启超的"新帝国主义"理论及其中国史叙事的探究，有助于我们在廓清其"新帝国主义"理论及其国内政略的同时，帮助我们一窥这位治史以政治为导向的"新史家"的核心关切。①

二 梁启超的"新帝国主义"理论

不难想象，像梁启超此般娴熟运用报刊这一新兴传播媒介的思想者自然会不遗余力地发表诸多揭露"帝国主义"侵略恶行的文章，来唤醒懵懂麻木的国人。在梁启超于1899年发表在《清议报》上的几篇文章里，他对"帝国主义"列强侵略行径的揭批逐渐令他的读者意识到，彼时中国所面临的威胁与以往专用武力征服与军事占领的敌人不同，而是一群善用隐诀巧计、意在"温水煮青蛙"、渐进实现对中国的操纵乃至征服的"新帝国主义"对手。因此，要战胜对手，则必须要识破这些"非传统"的侵吞伎俩。梁启超在《傀儡说》中告诉他的读者，比起政治上的直接统治，"帝国主义"列强喜用"政治傀儡"的方式控制弱国的政治议程，并且扼杀被殖民国从内部实现政治变革的可能性。梁启超惊呼，清政府治下的中国，就利权而言，关税、铁路、矿务与沿江厘金均"握于人手"；就人事与政治而言，不仅训练新军的实权交付于人，核心政治决策圈也遵循"光绪帝→西后慈禧→直隶总督荣禄→沙俄政府"的傀儡链条，国策大权由沙俄实际掌控。②在《瓜分危言》中，梁启超怒斥"自安自大"的无知国人，论说列强以掌控铁路权、财权、练兵权、用人权与租借权（包括租界独占权）等方式对中国实现"无形之瓜分"，哀叹"无形之瓜分更惨于有形之瓜分"。③ 在《亡羊录》中，梁启超

---

① 关于梁启超"新史学"的研究汗牛充栋，学人基本认可梁启超对中国现代史学的先驱地位，并认为其历史研究具有鲜明的政治关切 [参见桑兵《近代中国的新史学及其流变》，《史学月刊》2007年第11期；杨艳秋《20世纪初的"新史学"思潮及其意义——兼论梁启超〈新史学〉的局限性》，《齐鲁学刊》2015年第3期；周生杰《巨灵与泰斗：梁启超史学研究述略》，《中国矿业大学学报》（社会科学版）2014年第3期]。不过，在已有关于梁启超"新史学"的研究中，鲜见有关梁启超"帝国主义"理论及其中国史叙事之间联系的研究。

② 参见梁启超《傀儡说》，载汤志钧、汤仁泽编《梁启超全集》第1集，中国人民大学出版社2018年版，第702—703页。

③ 参见梁启超《瓜分危言》，载汤志钧、汤仁泽编《梁启超全集》第1集，中国人民大学出版社2018年版，第716—736页。

总结了1896年以来的中国外交史,展示面临"帝国主义"隐而不显的诡计时,"外交不讲,专对乏才"的清廷外交如何一错再错、难以转圜,陷于"牵一发,动全身"、难以"补牢"的持续性"亡羊"之险。① 而在《论近世国民竞争之大势及中国之前途》中,梁启超宣称,和传统基于统治者征服与扩张私欲的"国家竞争"不同,近世的国际竞争在本质上是"国民竞争";"帝国主义"列强的扩张欲根源于帝国国民生命与财产权的扩张倾向,故而"终古无已时"。因此,梁启超呼吁,中国必须迅速实现国民与国家的关联,建构"国民国家",② 使国民摆脱以往以国土为"一家之私产"、以外交为"一家之私事"的思维模式,令其成为中国真正的主人翁,从而担当起"国民竞争"的历史与时代重任。③

贯穿在1899年发表的这四篇文章中的核心论点是,国人必须迅速实现思想上的转变,意识到中国正在遭遇前所未有的外部威胁,"列强"正以国人难以想象的、近世国际竞争的崭新手段(无论此种手段被归纳为"傀儡""无形之瓜分""亡羊"还是"国民竞争")危害中国国家。而若是考察梁启超于1901年发表的文章,我们便会发现,他沿着1899年的思路在两个方向上展开了其"新帝国主义"理论,提炼出"灭国新法"与"民族帝国主义"两大范畴,来描述中国国家面对的这个新颖而奇异的庞大"巨兽"。

我们上文已经简要讨论过《灭国新法论》的核心内容,事实上"新帝国主义"的"灭国新法"可谓汇聚了"傀儡""无形之瓜分"与"亡羊"三个范畴的概念,凝练地表达了"新帝国主义"征服与扩张的新奇手段。《灭国新法论》展示了列强诱骗弱国使其债台高筑、瓜分领土、利用弱国内部分裂势力实现扩张、借议会制改革实现政权更迭和高倡文明与正义论调阴行征服等计谋策略,而这些谋略则对应着埃及、波兰、印度、波亚(今译布尔)与菲律宾真实的历史境遇。通过展示以上诸国的"亡国史鉴",梁启超希望国人能够意识到财权、铁路权等利权为人掌握的危险,以及义和团事件与东南互保不仅无助于时局,反而加速了列强瓜分中国的进程。④ 梁启

---

① 参见梁启超《亡羊录》,载汤志钧、汤仁泽编《梁启超全集》第2集,中国人民大学出版社2018年版,第25—36页。

② 有关近代"国民国家"思潮,参见裴自余《追寻现代国家的观念基础——晚清的国民国家论述》,《华东师范大学学报》(哲学社会科学版)2012年第3期。

③ 参见梁启超《论近世国民竞争之大势及中国之前途》,载汤志钧、汤仁泽编《梁启超全集》第2集,中国人民大学出版社2018年版,第206—210页。

④ 参见梁启超《灭国新法论》,载汤志钧、汤仁泽编《梁启超全集》第2集,中国人民大学出版社2018年版,第297—309页。

超希望,通过1899年发表的《傀儡说》《瓜分危言》《亡羊录》与1901年发表的《灭国新法论》,能使国人对"新帝国主义"的伎俩有着清醒的认知。

不过,从政治理论的角度来说,梁启超沿着1899年《论近世国民竞争之大势及中国之前途》此文发展而来的,于1901年发表的《国家思想变迁异同论》一文中提出的"民族帝国主义"范畴则更加令人回味,"民族帝国主义"是其"新帝国主义"理论中最具有理论意义的部分。《国家思想变迁异同论》借瑞士公法学家伯伦知理(Bluntchli Johann Caspar,今译"布伦奇里")所著《国家学》,推演了一个世界国家思想演变阶段论。根据梁启超的推演,人类国家思想遵循"家族主义→酋长主义→帝国主义→民族主义→民族帝国主义→万国大同主义"的链条展开;其中"帝国主义"(无论是神权帝国还是非神权帝国)则已不再适用于近世文明,近世的中国与西方分别面临"民族主义"与"民族帝国主义"的政治思潮。按照梁启超的逻辑,西方已经处于由"民族主义"进为"民族帝国主义"的时代,而包括中国在内的亚洲仍处在"帝国主义与民族主义相嬗之时代"。因此对中国来说,如何尽快摆脱"帝国主义"的遗产,以"民族主义"整合国民的政治认同与建构现代国家,以与列强的"民族帝国主义"相抗,是生死攸关的历史任务。可以这么说,《国家思想变迁异同论》力图通过展示一个国家思想演变的单线历史叙事,将中国与西方置于"进化"的文明叙事与"物竞"的生存叙事之中,鼓舞国人觉醒奋起,图存图强。①

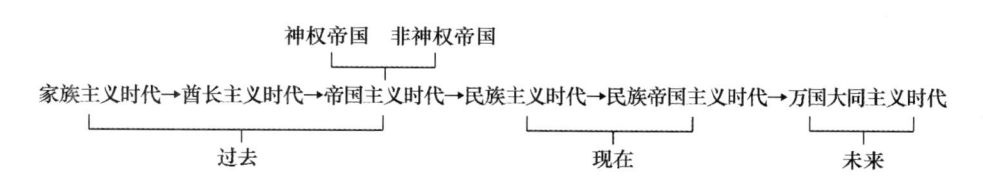

```
                        神权帝国  非神权帝国
家族主义时代→酋长主义时代→帝国主义时代→民族主义时代→民族帝国主义时代→万国大同主义时代
            过去                      现在                未来
```

图1 《国家思想变迁异同论》展示的国家思想史叙事

注:笔者自制。

围绕"帝国主义→民族主义→民族帝国主义"的历史叙事,我们需要从政治理论的角度做出如下讨论。

---

① 参见梁启超《国家思想变迁异同论》,载汤志钧、汤仁泽编《梁启超全集》第2集,中国人民大学出版社2018年版,第321—327页。

第一，若是细究，"民族帝国主义"这一概念本身是十分吊诡的，毕竟"帝国主义"与"民族主义"之间具有明显的张力，乃至相互冲突。一般认为，"帝国"（empire）此一政治体形式在文化、语言、民族和宗教方面具有广泛的多样性，要求帝国的子民对建基于此种文化多样性之上的政治统一体具有充足的政治认同；而往往专注于单一民族及其同质文化的"民族主义"则对"帝国主义"构成不小的挑战，甚至在许多情况下，"帝国主义"的失败便源于"民族主义"的崛起。① 可见，将"帝国主义"与"民族主义"相结合的理论努力殊非易事。

根据梁启超的逻辑，"民族帝国主义"这一范畴之所以成立，是因为近代"帝国主义"出现了与传统"帝国主义"相区别的新现象：在此"新帝国主义"中，"民族主义"为"帝国主义"提供了发展动力与实力根基，"帝国主义"则为"民族主义"提供了物质利益与政治认同。就前者而言，"民族主义发达之既极，其所以求增进本族之幸福者，无有厌足"，"民族主义"建构了民族的公共利益，而对本民族公共利益的声张必然要超越本国之外，并调动民族共同体的成员唯本民族利益的扩张马首是瞻，故而"民族主义"天然具有"帝国主义"的倾向，且在"民族主义"的加持下，"民族帝国主义"不再仰赖于"一人之雄心"，从而"与古代之帝国主义迥异"。就后者而言，"帝国主义"的根本目的在于满足"民族主义"的需要，即在对外扩张获取丰厚物质报酬、拓展"生存"空间的同时，为本民族造就"文明"的幻象乃至神话，使它们基于"文野之分"将自身的征服欲合法化为"文明"之举。②

---

① 参见俞可平《帝国》，载俞可平主编《政治通鉴·第4卷》，中国大百科全书出版社2023年版，第432—436页；李剑《帝国认同的建构及其限度》，载俞可平主编《国家研究·第1辑》，北京出版社2022年版，第122页。

② 参见梁启超《国家思想变迁异同论》，载汤志钧、汤仁泽编《梁启超全集》第2集，中国人民大学出版社2018年版，第325—326页；梁启超《新民说》，载汤志钧、汤仁泽编《梁启超全集》第2集，中国人民大学出版社2018年版，第530—531页；梁启超《论民族竞争之大势》，载汤志钧、汤仁泽编《梁启超全集》第2集，中国人民大学出版社2018年版，第693—703页；[印]潘卡吉·米什拉《从帝国废墟中崛起：从梁启超到泰戈尔，唤醒亚洲与改变世界》，黄中宪译，联经出版事业股份有限公司2013年版，第191—192页。以"文明"与"野蛮"的区别和前者的优越性为核心的"文明论"是19世纪、20世纪之交的一股重要思潮，对包括梁启超在内的近代中国思想者，乃至世界范围内的知识分子产生了重要影响。参见刘文明《19世纪欧洲"文明"话语与晚清"文明"观的嬗变》，《首都师范大学学报》（社会科学版）2011年第6期；张勇《晚清"文明"论语境中的西方文明批判》，《学术界》2023年第1期；[日]石川祯浩《梁启超与文明的视点》，载[日]狭间直树编《梁启超·明治日本·西方：日本京都大学人文科学研究所共同研究报告》，社会科学文献出版社2001年版，第95—119页。

第二，考虑到以"民族帝国主义"为核心的"新帝国主义"以"民族主义"为实力根基，故而对彼时的中国而言，迅速以"民族主义"实现政治整合，推动切实的民主进程，来改变国民以国事为"一家之私事"的思维，并辅之以必要的国民性教育，进而调动中国国民，使其投入"国民竞争"的历史大潮之中，建构抵御"民族帝国主义"的国家力量，实属必要。故而在梁启超的这一国家思想史叙事中，国际政治与国内政治、国际政略与国内政略被打通。此外，正如梁启超所论，"今日之亚洲，则帝国主义与民族主义相嬗之时代也"，由"帝国主义"前进至"民族主义"、建构现代民族国家亦是亚洲所有国家在面临"民族帝国主义"威胁时的历史任务。

第三，在此一单线程历史叙事的理论视野下，中国有朝一日势必要前进至"民族帝国主义"，以"民族主义"实行"帝国主义"的扩张政略，这一点也为梁启超本人所确认。在其于1903年发表在《新民丛报》、重写过的《政治学大家伯伦知理之学说》①中，梁启超明言：

> 自今以往，中国而亡则已，中国而不亡，则此后所以对于世界者，势不得不取帝国政略，合汉、合满、合蒙、合回、合苗、合藏，组成一大民族，提全球三分有一之人类，以高掌远跖于五大陆之上，此有志之士所同心醉也。②

在梁启超看来，"民族帝国主义"是中国未来唯一的发展道路。借助统合汉、满、蒙、回、苗、藏诸族的"民族主义"，"帝国主义"政略将促使中国的影响力超出亚洲、走向世界。这对彼时正在遭遇严重生存危机的中国来说，梁启超此论对包括他自己在内的所有中华儿女来说，算得上是一剂"强心剂"。

当然，梁启超也非常清楚，"民族帝国主义"有"陷于侵略主义，蹂躏世界之和平"的隐忧，故而他在一段时间里并没有迅速宣布对"帝国主义"的拥抱。其于1901年发表的《国家思想变迁异同论》主张，中国仍旧处于由"帝国主义"走向"民族主义"的历史阶段，必须尊重这一客观的历史阶段，以着力构建现代

---

① 在1903年《新民丛报》第32号中，梁启超曾以"力人"为笔名发表了一篇《政治学大家伯伦知理之学说》（参见梁启超《政治学大家伯伦知理之学说（一）》，载汤志钧、汤仁泽编《梁启超全集》第4集，中国人民大学出版社2018年版，第195—199页）之后，梁启超又重写了一篇内容更丰富、论辩指向更明确、笔锋更锐利的同名文章。

② 梁启超：《政治学大家伯伦知理之学说（二）》，载汤志钧、汤仁泽编《梁启超全集》第4集，中国人民大学出版社2018年版，第215页。

民族国家与民主政治为要务，而绝不能盲目躐等。① 而在其于 1902 年发表的《论民族竞争之大势》中，梁启超虽然确认了中国的发展目标是"天下第一帝国"，但他还是将"建设一民族主义之国家"作为彼时中国的国策。② 可见，在中国是否应当进于"民族帝国主义"的问题上，梁启超的态度仍有暧昧乃至变化之处，即便问题答案的整体方向是明确的。

三 "新帝国主义"理论与国内政略

如上所述，通过提出"新帝国主义"理论，梁启超在国际政略与国内政略之间建立了密切的联系。具体而言，"新帝国主义"理论构成了梁启超"民族主义""民主主义"与"新民思想"三大国内政略的理论背景，对"新帝国主义"的廓清将能够帮助我们更好地理解此三大国内政略的现实关切。

（一）"民族主义"

作为晚清对"民族主义"做出最完整表述的思想家，梁启超为近代中国民族主义思想贡献了宝贵的思想遗产，其复杂多元的民族主义观点为中国知识者的民族主义思考开辟了共和爱国主义、国家主义与文化民族主义三种传统。可见其对"民族主义"用力之深厚，"民族主义"是其重要的国内政略。③ 具体而言，根据《国家思想变迁异同论》所展示的单线程历史叙事，梁启超坚信中国必须以"民族主义"为政略、以建构现代中国民族国家为要务。即便有朝一日进于"帝国主义"阶段，中国也必然要实行以"民族主义"为根底的"民族帝国主义"，使"帝国主义"为民族的物质利益与政治认同服务，而绝不能退回以统治者的好恶为导向的传统"帝国主义"。梁启超为何要提出"民族主义"的政略？

不妨从"新帝国主义"理论出发，探究"民族主义"政略的现实关切。根

---

① 参见梁启超《国家思想变迁异同论》，载汤志钧、汤仁泽编《梁启超全集》第 2 集，中国人民大学出版社 2018 年版，第 326—327 页。
② 参见梁启超《论民族竞争之大势》，载汤志钧、汤仁泽编《梁启超全集》第 2 集，中国人民大学出版社 2018 年版，第 711—712 页。
③ 参见许纪霖《家国天下：现代中国的个人、国家与世界认同》，上海人民出版社 2016 年版，第 83 页；高力克《启蒙先知：严复、梁启超的思想革命》，东方出版社 2019 年版，第 186—216 页；许纪霖《在现代性与民族性之间——民族主义思潮》，载高瑞泉主编《中国近代社会思潮》，华东师范大学出版社 2021 年版，第 332—333 页。

据梁启超的判断，列强所持的"新帝国主义"在本质上是一种"民族帝国主义"，"其国民之实力，充于内而不得不溢于外，于是汲汲焉求扩张权力于他地，以为我尾闾"。"新帝国主义"起于国民的意志，以国民为势力基础，亦以国民的利益为依归，故而相较于受统治者的征服欲望与专制权柄驱动的传统"帝国主义"，"新帝国主义"引发的扩张浪潮更为猛烈与持久，"日扩而日大，日入而日深"。① 既然"新帝国主义"以"民族之涨力"而非"一人之雄心"与"我"为敌，那么中国若想在侵逼中国的狂潮面前自我保存，便必须同样以"民族之涨力"相抗，正如梁启超所谓：

> 彼为一二人之功名心而来者，吾可以恃一二之英雄以相敌；彼以民族不得已之势而来者，非合吾民族全体之能力，必无从抵制也；彼以一时之气焰骤进者，吾可以鼓一时之血勇以相防；彼以久远之政策渐进者，非立百年宏毅之远猷，必无从幸存也。②

面对异族受物质利益与"文明"叙事驱动的、持续性的扩张，中国必须完成民族整合，建构以全体国民为政治主人翁、充分调动国民政治主体性的"国民国家"，来获得与之相对的建制性力量，毕竟与"民族之涨力"相比，"一人之雄心"渺小而卑微。在"新帝国主义"的威胁下，整合民族与建构国家的重点便落在了唤醒国民的公共意识，激发国民的国家观念，令其意识到国家之兴亡荣瘁是与自身休戚相关的重大公共事务，使其甘愿为国家冲锋在前，抵御"新帝国主义"的进犯。③ 因此，在梁启超的思想体系里，"民族主义"和"国家观念"紧密捆绑在一起，"民族主义"的最终目标在于促使国民和与其似乎毫不相干的其他国民一道，将彼此视作同一个政治体的成员，并将此种政治意识上的关联视作政治体存亡的关键。从这个角度来说，梁启超无疑为近代中国的"民族主义"思潮奠定了基调。

---

① 梁启超：《新民说》，载汤志钧、汤仁泽编《梁启超全集》第2集，中国人民大学出版社2018年版，第531页。
② 梁启超：《新民说》，载汤志钧、汤仁泽编《梁启超全集》第2集，中国人民大学出版社2018年版，第531页。
③ 唤醒国民的"国家观念"是梁启超的重要关切，如其所创《新民丛报》的告白所言，"所论务在养吾人国家思想"（参见梁启超《本报告白》，载汤志钧、汤仁泽编《梁启超全集》第2集，中国人民大学出版社2018年版，第460页）。

进而言之，梁启超的"民族主义"是旨在广泛容纳中国国境范围内诸民族，以之奠定中华国家厚实国民基础的"大民族主义"，而非片面"排满"的"小民族主义"，① 这一点为梁启超本人所确认，并且是他与《民报》的革命党人往来诘难的重要论点之一："吾中国言民族者、当于小民族主义之外，更提倡大民族主义。"② 梁启超坚信，既然文化意义上的"民族"与政治意义上的"国民"并不必然等同，完全可以将文化上的异族塑造为具有统一民族国家的国民，那么比起"小民族主义"，"大民族主义"更能够为中国内忧与外患问题的妥善解决打下坚实的基础。若是一味"排满"，不仅无助于国内事务的进步，陷"建国主义"于"复仇主义"之窠臼，而且会葬送中国在当下抵抗外侮、在未来进于"合汉、合满、合蒙、合回、合苗、合藏，组成一大民族，提全球三分有一之人类，以高掌远跖于五大陆之上"的"天下第一帝国"的美好未来。③

（二）"民主主义"

萧公权先生曾有言，梁启超多变的政治观念具有四点内在统一的"一贯之道"，其中之一便是"民主政体为人类政治生活之最后归宿"，梁启超堪称"温和之民治主义者"。④ 张朋园亦认为，梁启超的政治理想自始至终未曾迁移，其自有清一代便反对专制，民元建政后其仍旧反对专制，"他抱定的宗旨是实现民权政治"，"不达目的，决不休止"。⑤ 无论从什么角度来说，梁启超均是一个"民主主义者"，"民主主义"始终是其政治立场的底色。

考虑到由"专制主义"到"民主主义"的转换是中国传统政治思想现代转型的重要方面，我们自然需要从内治的角度讨论梁启超"民主主义"思想的问

---

① 不过，在其政治思想生涯的早期，梁启超不乏"排满革命"的激进言论（参见梁启超《清代学术概论》，载汤志钧、汤仁泽编《梁启超全集》第 10 集，中国人民大学出版社 2018 年版，第 278 页；梁启超《鄙人对于言论界之过去及将来》，载汤志钧、汤仁泽编《梁启超全集》第 15 集，中国人民大学出版社 2018 年版，第 30 页；丁文江、赵丰田《梁启超年谱长编》，上海人民出版社 2008 年版，第 188—189、210 页）。

② 有关梁启超与革命党论战的主题，参见张朋园《梁启超与清季革命》，上海三联书店 2013 年版，第 137—167 页。

③ 参见梁启超《政治学大家伯伦知理之学说（二）》，载汤志钧、汤仁泽编《梁启超全集》第 4 集，中国人民大学出版社 2018 年版，第 211—215 页。

④ 萧公权：《中国政治思想史》，商务印书馆 2017 年版，第 764 页。

⑤ 张朋园：《梁启超与清季革命》，上海三联书店 2013 年版，第 3 页。

题意识。① 不过，"新帝国主义"亦构成梁启超"民主主义"思想的重要前提。正如其《论近世国民竞争之大势及中国之前途》所言，以"新帝国主义"为典型特征的近代国际竞争在本质上是"国民竞争"而非"国家竞争"，故而旨在确立国民主人翁地位、调动国民政治主动性的政略更加适应近代国际竞争的需要，正所谓"以国民之力抵他人国民竞争之来侵，其所施者当而其收效易易也"。② 然而，传统中国的专制政治却对近代中国"国民竞争"事业的开展造成了不容忽视的妨害：

> 今我中国国土云者，一家之私产也；国际（即交涉事件）云者，一家之私事也；国难云者，一家之私祸也；国耻云者，一家之私辱也。民不知有国，国不知有民。以之与前此国家竞争之世界相遇，或犹可以图存，今也在国民竞争最烈之时，其将何以堪之？其将何以堪之？③

在专制政治的摧残下，国民难以真正认同国家及其诸项公共事业，反而将其视作统治者的私有物与附属品：国民将国土视为"一家之私产"，将外交视为"一家之私事"，将国难视作"一家之私祸"，将国耻视作"一家之私辱"。国民对国家与国事的冷淡态度根源于专制统治者以"独夫"自居、以"私术"治理国家，专擅政治权力，摧锄国民的"权利意识"，窒息政治变革的可能，从而使其君位世代延续。既然专制政治没有赋予国民以关心、参与公共事务的渠道与意识，那么国民自然只能将他全部的生活世界局限于个人事务，对"共赴国难"的号召无动于衷，"强寇忽至"，只能"相对咋舌"。因此，早在《变法通议·论女学》（1897 年）之中，梁启超便高倡中国政治进步的重要方向便在于"进私而为公"；唯有建设民主政治，铲除"专制主义"的土壤，为国民参政赋权，方可使得国民与国家之间建立真正的关联，"国民国家"的成立也会在相当程度上改善

---

① 刘泽华先生认为，中国政治思想的现代转型主要可概括为三方面：以民主主义取代君主专制主义、以公民意识取代臣民意识、以自由平等的主人翁意识取代崇圣意识（参见刘泽华《中国政治思想史集·第二卷》，人民出版社 2008 年版，第 252—285 页）。
② 梁启超：《论近世国民竞争之大势及中国之前途》，载汤志钧、汤仁泽编《梁启超全集》第 2 集，中国人民大学出版社 2018 年版，第 209 页。
③ 梁启超：《论近世国民竞争之大势及中国之前途》，载汤志钧、汤仁泽编《梁启超全集》第 2 集，中国人民大学出版社 2018 年版，第 209 页。

政治学理论

中国的对外处境。①

可见,"民主主义"的国内政治议程与"新帝国主义"不无关系。而若是考虑到"民主主义"与"民族主义"之间的关联,我们会对梁启超政治思想的内在统一性及其"新帝国主义"理论的广度有进一步的体会。《国家思想变迁异同论》认为,"民族主义"在根本上以卢梭等社会契约论者(即梁启超所谓"平权派")的自然权利说(即天赋人权说)、社会契约论、对自由与平等价值的倡导为理论根基,旨在通过民主政治的推进来实现民族整合与国家构建。也正是在这个意义上,梁启超的"民族主义"为后世的"共和爱国主义"奠定了基础。② 当然,《国家思想变迁异同论》也指出,"新帝国主义"以"进化论者"(即社会达尔文主义者,梁启超所谓"强权派")的强者权利说和国际竞争说为理据,故而存在压抑"民主主义"、要求人民服从政府的政治倾向。③ 这在相当程度上可以解释,为何伴随梁启超在《政治学大家伯伦知理之学说》中的"民族帝国主义"转向,其对"国权"的倡导也渐渐高过了对"民权"的提倡。④ 不过这并不意味着他否定了"民主主义",梁启超对"国权"与"民权"之间关系的探究在本质上是"民主主义"与"民族主义"的"建国主义"之间的关系问题。梁启超对"建国主义"的重视并不排斥他对民主政治的期待。即便受时势所限,他认为自己恐怕不能两者兼得,毕竟对大多数转型国家来说,国家构建和民主建设之间总是富有张力的。

(三)"新民思想"

在推动中国政治由"专制主义"转向"民主主义"的过程中,必须在政治思

---

① 参见梁启超《论中国积弱由于防弊》,载汤志钧、汤仁泽编《梁启超全集》第1集,中国人民大学出版社2018年版,第121—124页;梁启超《变法通议》,载汤志钧、汤仁泽编《梁启超全集》第1集,中国人民大学出版社2018年版,第35、74页。

② 参见许纪霖《共和爱国主义与文化民族主义——现代中国两种民族国家认同观》,《华东师范大学学报》(哲学社会科学版)2006年第4期。

③ 参见梁启超《国家思想变迁异同论》,载汤志钧、汤仁泽编《梁启超全集》第2集,中国人民大学出版社2018年版,第324页。

④ 参见梁启超《政治学大家伯伦知理之学说(二)》,载汤志钧、汤仁泽编《梁启超全集》第2集,中国人民大学出版社2018年版,第207—225页。这涉及梁启超的政治思想在1903年发生的整体性转折,及其利用卢梭、伯伦知理等人的思想资源在政治哲学上对国家理论的重构(参见李喜所、元青《梁启超新传》,商务印书馆2015年版,第201—227页;张朋园《梁启超与清季革命》,上海三联书店2013年版,第107—116页;王圣《幽暗的现代性:梁启超的思想世界:1896—1906》,中国书籍出版社2020年版,第132—204页)。

想的层面为新生的民主制度奠定坚实的政治伦理基础，使民主制度下的国民能够基于已被接纳为伦理共识的政治道德规范，在公共空间中开展政治行动，进而理性地表达其政治诉求。这涉及国民性（或国民道德）的问题，在这方面，我们难以忽视梁启超的"新民思想"，"新民思想"通过"民主主义"的中介与"新帝国主义"理论发生关系。

此外，"新民思想"亦与"新帝国主义"理论之间存在直接联系，并且关系到中国"民族帝国主义"政略的成败。

一方面，面对"新帝国主义"的侵逼与"国民竞争"的大势，中国国民必须具备充分的政治素质与道德，进而汇合成全民族的力量，与之相抗。正如脍炙人口的《新民说》所言，"今日欲抵当列强之民族帝国主义，以挽浩劫而拯生灵，惟有我行我民族主义之一策。而欲实行民族主义于中国，舍新民末由"。纵观《新民说》，从政治理论的角度而言，梁启超对中国国民提出了三点整体性要求——"国家思想""权利思想""义务思想"，其他诸如"进取冒险""自由""自治""自尊""合群""毅力""尚武""政治能力"等子条目均可归入上述三点之中。换言之，梁启超认为，唯有教育中国国民，使其一心为国、行使并扩展权利、履行义务并服从，中国国民方可具有与"新帝国主义"相抗的能力。①

另一方面，中国若要进而为"民族帝国主义"，必须提升对国民素质的要求，尤其要以优秀殖民者为榜样，学习他们的人格。比如，在梁启超于1902年发表的《张博望、班定远合传》中，他赞颂张骞与班超二人冒险无畏、活泼进取、坚忍磊落与不屈不挠的精神，指出"二杰者实我民族帝国主义绝好模范之人格也"，主张此种冒险进取的、"主动力在国民"的精神是"新帝国主义"的重要依托。② 亦如，在梁启超于1905年发表的《中国殖民八大伟人传》中，他述说了古代中国致力于对外殖民事业的八位"伟人"的事迹，指出中国若要实行"民族帝国主义"，必须依靠具备海事思想、扩张元气、甘为先锋、服从政府劝导与具备政治自治能力的国民，方可顺利实现殖民扩张。③

---

① 参见梁启超《新民说》，载汤志钧、汤仁泽编《梁启超全集》第2集，中国人民大学出版社2018年版，第525—669页。

② 参见梁启超《张博望、班定远合传》，载汤志钧、汤仁泽编《梁启超全集》第3集，中国人民大学出版社2018年版，第409—423页。

③ 参见梁启超《中国殖民八大伟人传》，载汤志钧、汤仁泽编《梁启超全集》第5集，中国人民大学出版社2018年版，第55—56页。

总而言之，"新民思想"与"民族主义"与"民主主义"一道，均可以通过梁启超的"新帝国主义"理论获得合理性论证。在"新帝国主义"理论的视野下，中国唯有遵循"民族主义""民主主义"与"新民思想"的国内政略，方可打通国民与国家之间的联系、构建"国民国家"，使中国国家能够抵御"民族帝国主义"的威胁，乃至有朝一日能够自进于"民族帝国主义"。

四 国内政略与中国史叙事

作为处于中国学术思想由古趋今转折处的关键人物，梁启超也为中国史学的现代转型做出了突出贡献，为现代中国史学奠定了重要的学科传统。汪荣祖先生曾有评论，梁启超在现代中国史学史上的先驱地位是难以被取代的，其最早打出"新史学"的旗号，在史学方法、思想史与历史统计学等方面的研究也具有关键的开拓意义。①陈其泰在其所著的《梁启超评传》中也充分肯定了梁启超"史界革命"的学术史意义，认为梁启超的史学论著标志着中国旧史时代的终结与"新史学"的崛起。②

不过，受到梁启超强烈"用世"意图的影响，他的史学论说具有明显的政治意味，是经过重构的、内含政治意图的历史"叙事"。当梁启超展示其历史"叙事"时，他不仅希望读者能够了解历史常识，或洞察历史思维与治史的原则，更重要的是，他希望能够以特定的历史"叙事"为手段，完成对其政略主张的合理性论证。因此我们便可以理解，为何梁启超的史学研究亦与他的政治主张一道呈现出多变的特征，乃至具有同频共振的倾向。日本学者神谷正男曾将梁启超的史学研究以民元建政为界划分为前后两期，此后诸多学者均认可梁启超史学研究的"二阶段论"，认为梁启超两个阶段的史学研究分别以《新史学》（1902年发表）与《中国历史研究法》（1922年出版）为代表，前一阶段体现了梁启超对进化史观与启蒙精神的推崇，而后一阶段则展现了梁启超对进化史观的批判与对历史文化特殊性的观照。即便"二阶段论"的划分或有失精当，但还是能够证明梁启超的史学观点与他本人政治思想变迁的整体历程相一致，这体现了其"新史学"与

---

① 参见［美］汪荣祖《论梁启超史学的前后期》，载李喜所主编《梁启超与近代中国社会文化》，天津古籍出版社2005年版，第96页。

② 参见陈其泰《梁启超评传》，华夏出版社2018年版，第50—98页。

其近代政治思想之间的紧密联系。①

梁启超史学研究的"用世"意图同样存在于梁启超的"新帝国主义"理论。具体而言，梁启超有意运用其重构的中国史"叙事"来论证"民族主义""民主主义"与"新民思想"政略的合理性。通过展示中华民族、民主政治与国民性的演变史，梁启超希望告诉读者，"民族主义""民主主义"与"新民思想"的政略不仅是现实的需要，也符合历史的要求。

（一）"民族主义"：中华民族的演变史叙事

众所周知，在梁启超看来，中国传统"旧史学"存在"四蔽二病三恶果"，这是梁启超所著《新史学》对"旧史学"的核心批判。所谓"四蔽"，即"知有朝廷而不知有国家"，"知有个人而不知有群体"，"知有陈迹而不知有今务"与"只有事实而不知有理想"；所谓"二病"，即"能铺叙而不能别裁"与"能因袭而不能创作"；所谓"三恶果"，即"难读""难别择"与"无感触"。其中，"四蔽"乃"旧史学"弊病的源头，正是因为"旧史学"治史视角单一迂腐，才导致史学没有发挥其应当发挥的社会功效。正所谓"史学者，学问之最博大而最切要者，国民之明镜，爱国心之源泉也"。若是能够调转治史的视角，超越传统史学的上层统治集团叙事，而下沉至国民的层面，使得国家与群体的演变史得到关注与廓清，一方面会使"民族国家"通过治史的方式得到构建，另一方面会使广大国民产生"民族国家"的认同感。②故而梁启超呼吁在"新帝国主义"的威胁下，若"今日欲提倡民族主义，使我四万万同胞强立于此优胜劣败之世"，则"史界革命"实属刻不容缓之要务。③

梁启超所谓"新史学"，将历史视作"叙述人群进化之现象，而求得其公理

---

① 参见［美］汪荣祖《论梁启超史学的前后期》，载李喜所主编《梁启超与近代中国社会文化》，天津古籍出版社2005年版，第100页；王心美《梁启超思想之演进与转变》，花木兰文化出版社2009年版，第19—84页。

② 当然，在华夏五千年的历史长河中，"自在"的中华民族早已形成，但国人以之作为团结与认同的符号、对"自在"产生充分"自觉"的历史转折，则出现在中国政治思想的转型期，梁启超为此做出了重要贡献，"中华民族"的范畴便出自梁启超。参见费孝通《中华民族多元一体格局》，中央民族学院出版社1989年版，第1页；郑大华《梁启超最早使用"中华民族"一词及其有关问题的探讨》，《浙江学刊》2023年第1期。

③ 参见梁启超《新史学》，载汤志钧、汤仁泽编《梁启超全集》第2集，中国人民大学出版社2018年版，第497—501页；李恭忠《梁启超的"中国史"自觉及其限度》，《历史研究》2022年第2期。

公例者",而非帝王将相的私人传记,故而其最直接的应用便是描绘一幅"中华民族"的演变史叙事,并从中得到关于人文社会科学的一般规律。① 在发表时间比《新史学》更早的《中国史叙论》中,梁启超专门提及了中国史的"人种"问题。毕竟在"新帝国主义"的浪潮中,"种界者,今日万国所断断然以争之者也",加之"民族为历史之主脑,势不可以其难于分析而置之不论",故而对中国史"人种"问题的探究成为梁启超史学研究的关键方面。② 在《历史上中国民族之观察》(1905 年发表)中,梁启超通过考察先秦中国本部诸族(如苗蛮族、蜀族、巴氏族、徐淮族、吴越族等),论说诸族"皆组成中国民族之最重要分子",并且大多"已同化于中华民族,无复有异点痕迹之可寻"。③ 在《历史上中华国民事业之成败及今后革进之机运》(撰于1921年)中,梁启超指出,面临"固有民族之复杂不下欧洲"的历史处境,中华先民在漫长的历史长河中完成了民族融合与文化同化的历史伟业,使得上古诸族之别"无丝毫痕迹之存留",共同汇入"中华国民"这一身份认同与文化脉络之中。④ 在《中国历史上民族之研究》(撰于 1922 年)中,梁启超区分了"民族"与"种族""国民"等概念,为现代中国民族学研究厘清了基本概念,进而系统梳理了古代"诸夏组""荆吴组""东夷组""苗蛮组"等诸族的同化,得出了三大重要结论:"中华民族为一极复杂而极巩固之民族";"此复杂、巩固之民族,乃出极大之代价所构成";"此民族在将来,绝不至衰落,而且有更扩大之可能性"。⑤ 总体而言,梁启超的中华民族演变史叙事为近代中国"民族主义"注入了诸多重要的政治价值:对"自在"的中华民族的"自觉";对"中华民族"的政治体认;对"中华民族"文化同化力的认同;对"中华

---

① 参见梁启超《新史学》,载汤志钧、汤仁泽编《梁启超全集》第 2 集,中国人民大学出版社 2018 年版,第 501—505 页。

② 参见梁启超《中国史叙论》,载汤志钧、汤仁泽编《梁启超全集》第 2 集,中国人民大学出版社 2018 年版,第 314—315 页。

③ 参见梁启超《历史上中国民族之观察》,载汤志钧、汤仁泽编《梁启超全集》第 5 集,中国人民大学出版社 2018 年版,第 76—86 页。

④ 参见梁启超《历史上中华国民事业之成败及今后革进之机运》,载汤志钧、汤仁泽编《梁启超全集》第 11 集,中国人民大学出版社 2018 年版,第 220—222 页。

⑤ 参见梁启超《中国历史上民族之研究》,载汤志钧、汤仁泽编《梁启超全集》第 11 集,中国人民大学出版社 2018 年版,第 374—400 页。

民族"未来发展前景的希望。①

(二)"民主主义":民主政治的演变史叙事

不难想象,梁启超对"旧史学""知有朝廷而不知有国家"与"知有个人而不知有群体"的批评除却"民族主义"的指向外,亦具有"民主主义"的指向。故而,梁启超期待"新史学"能够澄清古代中国民主政治的演变史,来为彼时中国民主政治议程的展开提供镜鉴。不过,所谓古代中国民主政治的演变史在相当程度上是"专制主义"妨害"民主主义"的历史。当梁启超向读者展示"专制主义"对"民主主义"的进犯时,他希望国人能够对"专制之害"有充分的认识,并以古代中国专制政治的历史为"前车之鉴"。

在梁启超戊戌事败、东渡扶桑之前,他便表现出以历史叙事传达"民主主义"观点的倾向。在于1896年发表的《论中国积弱由于防弊》中,他开篇有言"先王之为天下也公,故务治事;后世之为天下也私,故务防弊",以上古三代的"理想之治"寄托自己"民主主义""公天下"的理想。② 在于1897年发表的《论君政民政相嬗之理》中,他引申了老师康有为的"大同三世说",提出"三世六别说",将包括中国政治史在内的人类政治史描绘为由"多君为政之世"经"一君为政之世"最终进于"民为政之世"的单线程历史演化。③

待到梁启超前往日本、充分了解西方政治学说之后,他以中国史叙事寄托"民主主义"的做法便具有更强的政治理论色彩。在于1901年发表、与五年前《论中国积弱由于防弊》论述同一主题的《中国积弱溯源论》中,梁启超将中国积弱的原因归结为"理想""风俗""政术"与"近事"四点,其中"不知国家与朝廷之界限"与"不知国家与国民之关系"的传统政治理念使得中国国民以"朝廷"为"国家",放弃"国家"主人翁的政治地位,而国民政治理念的落后在相当程度上源于专制统

---

① 此外,也有学者指出,梁启超通过论说"夷狄"与"诸夏"互动形成中华民族的边疆机制,有意将边疆纳入"民族国家"的"新中国"(参见王鹏辉《边疆、民族与梁启超"新中国"的建构》,《人文杂志》2014年第11期)。
② 参见梁启超《论中国积弱由于防弊》,载汤志钧、汤仁泽编《梁启超全集》第1集,中国人民大学出版社2018年版,第121页。
③ 参见梁启超《论君政民政相嬗之理》,载汤志钧、汤仁泽编《梁启超全集》第1集,中国人民大学出版社2018年版,第265—268页。

治者以"驯之之术""话之之术""役之之术""监之之术"来"愚其民""柔其民""涣其民",致使国民限于"奴性""愚昧""为我""好伪""怯懦"与"无动"之中。依据梁启超的逻辑,中国传统政治史在相当程度上是"专制主义"侵害"民主主义"的历史,为"新旧之交"的中国近代政治留下了诸多卑陋的历史遗产,亟待祛除。① 梁启超的这一逻辑在《中国专制政治进化史论》(于1902年至1904年连载)中达到了高潮。此文开篇宣称"中国者,世界中濡滞不进之国也",中国发展的"停滞"在相当程度上源于专制政治的"独进"。具体而言,梁启超从央地关系、贵族门阀政治与权臣政治三个角度展示了传统中国专制政治不断发展的缘由,论说正是因为封建制度、贵族政治与权臣政治的消失绝迹,专制统治者才能够在推动地方分权趋于中央集权、贵族寡头政治趋于一人政治、君臣共治趋于君主独裁方面不断取得突破,最终登峰造极、唯我独尊。考虑到其强烈的"进化论"意味,故而梁启超此文绝非单纯的历史研究。通过展示君主不断瓦解权力制约、突破权力限制这一"反向进化"的历史,梁启超向他的读者明示,唯有扭转专制政治的历史进程,推动"民主主义"取代"专制主义"的正向历史进化,中国才能有望摆脱"停滞",迎头赶上,顺应"天演"与"物竞"的世界历史潮流,否则便只能在"新帝国主义"的浪潮中归于覆灭,成为"进化"的牺牲品。②

(三)"新民思想":国民性的演变史叙事

既然近代中国的"国民国家"观念在本质上将国民确立为政治权利与义务的责任主体,意图建立"国民"与"国家"之间的直接关联,那么势必要重视国民性问题,在这方面梁启超做出了重要的探索。③ 而梁启超的"新民思想"也与其"史界革命"紧密相连,毕竟《新民说》与《新史学》乃梁启超同一时期写作的作品。梁启超希望通过促进史学的创造性发展,来为国民提供镜鉴,促进国民道

---

① 参见梁启超《中国积弱溯源论》,载汤志钧、汤仁泽编《梁启超全集》第2集,中国人民大学出版社2018年版,第252—277页。
② 参见梁启超《中国专制政治进化史论》,载汤志钧、汤仁泽编《梁启超全集》第3集,中国人民大学出版社2018年版,第424—450页。
③ 参见裴自余《追寻现代国家的观念基础——晚清的国民国家论述》,《华东师范大学学报》(哲学社会科学版)2012年第3期。

德与国民政治的不断改善。①

在《新民说》中,梁启超绘制了一幅"中国历代民德升降表",形象展示了中国国民性的演变史。按照此表,中国的民德水平随着朝代变迁不断变化,在东汉达到顶峰,在春秋、宋代与明末实现较高水平,而在五胡及南北朝、五代、元与清中叶降低至较低水平,并在近代(梁启超所谓"今日")堕落至有史以来的最低水平。无疑,梁启超讨论此表的意图便在于警醒国人自我振奋、修炼自我,为中国政治的进步奠定坚实的国民性基础。②

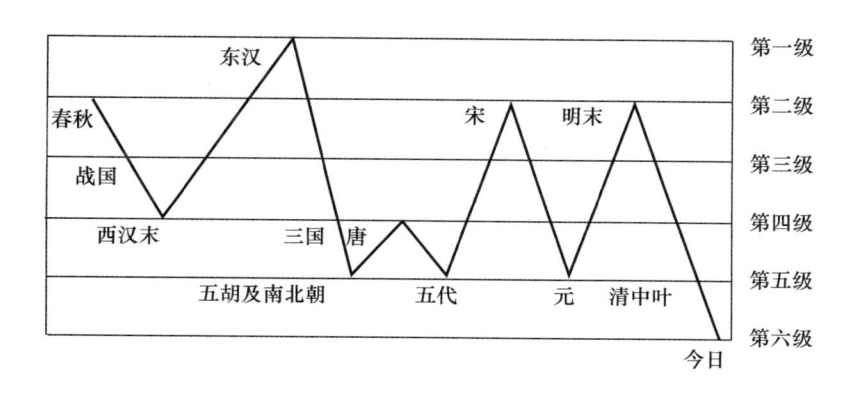

图 2 《新民说》所附"中国历代民德升降表"

值得注意的是,梁启超又开列了一张"中国历代民德升降原因表",为历代民德水平的迁转提供了"国势""君主""战争""学术"与"生计"五方面解释。国民性受到诸多要素的复杂影响,不过"中国历代民德升降原因表"在展示上述五方面解释的同时,并没有提出明确的因果关系假说,故而对国民性升降因果关系的探究势必要回到梁启超在表前的文字。在这些文字中,梁启超清楚地申说古代中国国民性的堕落有五大根源——"专制政体之陶铸""近代霸者之摧锄""屡次战败之挫沮""生计憔悴之逼迫"与"学术匡救之无力"。根据此一国民性演变史及其逻辑的叙事,近代中国亡国灭种的外部威胁、清廷君主对国民政治的压制敷衍、屡次战败政局不稳、旧学向新学过渡之际青黄不接与国际商战重创经济民

---

① 参见关爱和《梁启超"新民说"格局中的史学与文学革命》,《文学遗产》2018 年第 5 期。
② 参见梁启超《新民说》,载汤志钧、汤仁泽编《梁启超全集》第 2 集,中国人民大学出版社 2018 年版,第 641 页。

生五个方面的弊病,造成了"混浊达于极点,诸恶俱备"的卑劣国民性。故而,中国若要振衰起敝,则必须从以上方面入手寻求变革,至少要保证情势不再恶化。① 梁启超于1904年发表的《中国历史上革命之研究》可谓《新民说》此论的回响。《中国历史上革命之研究》认为中国历史上的革命之所以无法如西方的"文明革命"那般,实现政治的真正革新与国家的真正发展,而只是限于王朝更替的周期循环之中,有七个方面的原因——"有私人革命而无团体革命","有野心的革命而无自卫的革命","有上等下等社会革命而无中等社会革命",革命军蜂拥而起而非单一("复杂革命"而非"单纯革命"),推翻旧政府后未能迅速建立秩序故而时日颇长,"革命家"之间兵戎相向,外族势力的入侵。因此梁启超向革命派呼吁,唯有在以上七个方面做出明显改善的革命才能真正推动中国政治的进步,否则只能进一步败坏国民道德,加速局势的恶化,乃至有"亡中国"之险。这一方面再次证明梁启超的历史研究具有明显的政治意图,另一方面也说明其对中国革命的历史研究具有国民道德的问题意识,构成了对《新民说》的中国国民性演变史叙事的辅助论证。②

五 结语

综上,梁启超的"新帝国主义"理论,"民族主义""民主主义""新民思想"的国内政略和中华民族、民主政治与国民性的演变史叙事之间具有明显的联系,梁启超的"新帝国主义"理论构成了其国内政略与"新史学"中国史叙事的理论背景之一。对这一要点的廓清不仅有助于我们再思"帝国主义"理论的广度,发掘"帝国主义"的国际政略与国家的国内政略之间的联系,还有助于我们对梁启超政治思想体系的内在统一性有更深的体认,梁启超政治理论的国际与国内政略紧密相关、首尾自洽。当然,身处"古今中西之交"的历史情

---

① 参见梁启超《新民说》,载汤志钧、汤仁泽编《梁启超全集》第2集,中国人民大学出版社2018年版,第634—642页。
② 参见梁启超《中国历史上革命之研究》,载汤志钧、汤仁泽编《梁启超全集》第4集,中国人民大学出版社2018年版,第273—281页。

境，梁启超的政治立场势必处于流变之中，①"一战"之后、欧游归来的梁启超甚至成了"帝国主义"的批评者②（因此我们只能探究梁启超的"新帝国主义"理论与其20世纪初的中国史叙事之间的联系），然而其仍在变化之中保持了基本的政治关切与政治主张的自洽性，③由此我们也可一窥梁启超政治思想的理论品质。

当然，梁启超的"新帝国主义"理论有其局限性。梁启超发现了"新帝国主义"新在"灭国新法"与"民族帝国主义"，却没有充分地论述帝国主义政权的"寡头化"倾向、政治与经济精英在"新帝国主义"浪潮中的主导地位。在这方面，列宁做出了出色的讨论。在列宁看来，帝国主义是资本主义的特殊历史阶段，一般资本的统治被金融资本的统治所取代，资本主义的自由竞争被垄断所取代，这意味着金融资本家迅速取得了经济生活中的垄断地位，并进而与掌握国家政权的政治精英相联姻，成为"垄断资本主义"（即"帝国主义"）的主导者。④"垄断资本主义"固然需要一般国民的支持，如阿伦特所论"帝国主义"在本质上就是"暴民与资本的联盟"⑤，但"帝国主义"的扩张走向却是由政治与经济精英结成的小集团决定的。梁启超对政治与经济精英的忽视致使其"新帝国主义"理论夸大了一般国民的作用，提出了"民族帝国主义"这一富有理论洞见却又在一定程度上疏离政治现实、具有张力的概念，在"帝国主义"与"民族主义"的问题

---

① 梁启超本人也多次确认了这一点，他用"吾行吾心之所安而已"，"不惜以今日之我，难昔日之我"与"一个人要是今我不同昨我宣战，那只算不长进"等言辞阐述自身思想的多变（参见梁启超《自由书》，载汤志钧、汤仁泽编《梁启超全集》第2集，中国人民大学出版社2018年版，第164页；梁启超《清代学术概论》，载汤志钧、汤仁泽编《梁启超全集》第10集，中国人民大学出版社2018年版，第279页；梁启超《中国历史研究法补编》，载汤志钧、汤仁泽编《梁启超全集》第14集，中国人民大学出版社2018年版，第79页）。

② 参见梁启超《欧游心影录》，载汤志钧、汤仁泽编《梁启超全集》第10集，中国人民大学出版社2018年版，第61、70—71页。

③ 有关梁启超政治思想的内在统一性，张朋园、萧公权、黄克武与齐小刚等均做出了论说（参见张朋园《梁启超与清季革命》，上海三联书店2013年版，第3页；萧公权《中国政治思想史》，商务印书馆2017年版，第764页；黄克武《一个被放弃的选择：梁启超调适思想之研究》，新星出版社2006年版，第173页；齐小刚《梁启超国家主义思想的文学实践》，南京大学出版社2016年版，第32—33页）。

④ 参见孟飞《从马克思到列宁：经典帝国主义理论的思想史考察》，《毛泽东邓小平理论研究》2020年第12期。

⑤ 参见王震、雷伟《阿伦特究竟如何理解帝国主义》，《海南师范大学学报》（社会科学版）2016年第7期。

上颇有些纠缠不清之意味,而将国民视作国家间竞争的手段亦与"民主主义"的精神有所疏离。不过平心而论,对处于新旧古今之交的梁启超来说,由表及里地深入观察西方国家权力运作的内在机制殊非易事,故而"同情地理解"梁启超的政治学说实属必要。

Abstracts

The Fundamental Scale of Establishing a Country and the Mechanism of Maintaining Politics and Indoctrination
—The Historical Political Perspective of Lv Zuqian's Study of *Zuo Zhuan*

Yan Yun

[**Abstract**] In Confucian classics, the *Zuo Zhuan* records the regulations, systems, and political experiences of the Spring and Autumn period, making it possible to adopt a perspective of historical politics for its research. The three books of *Zuo Zhuan* written by Lv Zuqian, a scholar from the eastern Zhejiang region of the Southern Song Dynasty, deeply integrated the governance theory of Neo Confucianism and Utilitarian Confucianism scholars. From the perspective of the origin and development of the Chinese political system, and through the refinement and examination of historical politics experience in the Spring and Autumn period, a governance theory system centered on the fundamental scale of the country and the mechanism of maintaining political and indoctrination was established. Specifically, it is based on the principle of natural and conscience as the fundamental starting point for political entities and politicians, with the fundamental scale of the establishment of the country and the discipline and system as the main governing elements, and the institutional arrangement of the political center and the customs and education of social dimension as the internal and external order mechanisms, jointly forming the order mode and operational logic of ideal politics. Based on the study of classics and history, Lv Zuqian's governance theory has cleared up the cultural traditions and political experiences of the Three Dynasties, the Spring and Autumn Period, and the Song Dynasty. It praises the Confucian Confucian system of "following Yao and Shun, inheriting King Wen and King Wu", and represents the comprehensive Confucian perspective of "the interconnecting of body and application" in Song studies. This gives his political thoughts a profound practical character and historical background.

[**Key Words**] The Scale of Establishing a Country; The Maintaining of Politics and Indoctrination; The Governance Theory; Lv Zuqian; The Study of *Zuo Zhuan*

Prototype and Foundation: Ancient China and Two Waves of Worldwide Bureaucratization
—A Historical and Political Study on the Origins of Bureaucracy and World Communications

Huang Tao

[**Abstract**] Bureaucracy is the main content and basic organizational form of the modern state machine. Its formation and global diffusion have experienced a long-term historical process and complex civilization interaction, but the prototype supply and globalization process cannot be separated from ancient China. From about the 40th century BC to 3th century BC, the first wave of bureaucracy appeared in the world. China formed the Emperor-bureaucrat State in the change of Zhou and Qin Dynasties, becoming the peak of this bureaucratic wave, which was inherited and improved in the Han and Tang Dynasties, and gradually shaping the national form of China's surrounding countries and East Asian countries. Since about the 16th century, there have been cultural exchanges and collisions between China and the West. During the spread of eastern learning to the West for more than 200 years, China's bureaucracy and Weber's modern state machine were introduced into Europe, and upgraded in the industrial revolution and war, forming the core elements of modern western countries. Since then, with the extensive invasion and colonization of the non Western world by the west, the bureaucracy and modern state machine dressed in the cloak of industrial civilization spread to the world and poured into China, reshaping China's bureaucracy and state machine, forming the second wave of bureaucracy in the world. Although Europe first completed the construction of a modern state, we cannot ignore the historical fact that China is the forerunner and founder of human bureaucracy and the construction of a modern state machine. The prototype of human bureaucracy and modern state machine is in ancient China. Just as Greece contributed to democracy and Rome contributed to the rule of law and republicanism, ancient China contributed to bureaucracy and modern state machinery, one of the core pillars of the modern state, laid a permanent foundation for world political civilization. The Chinese nation is one of the main suppliers of world political civilization.

[**Key Words**] The Change of Zhou and Qin Dynasties; The Emperor-bureaucrat State; Modern State Machinery; World Bureaucratization Wave; Early Bureaucratic Civilization Belt in the World

How Do Institutional Traditions Shape the State?
—A Comparative Analysis Based on the Household System and the Village Commune System

Huang Zhenhua; Wang Meina

[**Abstract**] The state is a product of historical conditions and is profoundly influenced by institutional traditions. Institutional tradition is a value, behavior and norm that can have an impact on today and even the future, as well as the related historical conditions. The shaping of institutional tradition to the state is first manifested as the shaping of the national nature, and then construct different national forms and their characteristics. Historically, as peasants constitute the main social strata of the people, the national character is mainly manifested as peasant character. In the process of world civilization, China's household system and Russia's village commune system are both the original institutional traditions of the two countries. There are significant differences between them in terms of organizational structure, property right attributes, operating mechanism, governance units and so on, which leads to the divergence between the two countries in terms of peasant and national. In terms of peasant, Chinese peasants under the household system are more autonomous, active, vulnerable, and individual, while

Russian peasants under the village commune system tend to be dependent, passive, stable, and collective. Due to the differences in peasant, the two countries have their own characteristics in terms of national forms and characteristics, such as the mode of grassroots governance, the connection between the state and the countryside, and the path of modern state construction, thus forming different national governance patterns. In the process of promoting the modernization of the national governance system and governance capacity, we should attach great importance to the institutional traditions that have been formed for a long time, and explore the national governance model and development path that meets the historical and social conditions of the country.

[**Key Words**] Institutional Tradition; National Form; Household System; Village Commune System

Beyond Bureaucracy: China's Cadre System and Its Theoretical Implications

Ren Haochen; Ma Zhenhao

[**Abstract**] This study takes "cadre system" as the "ideal type" corresponding to Weber's "bureaucracy", and returns to the development context of the cadre system itself under the leadership of the Communist Party of China, and discussing the characteristics of cadres and cadre system and its theoretical implications beyond bureaucracy. This study believes that under the basic logic of "Party organizing the state", cadres, as ideological bearers, have theoretical sobriety, historical consciousness and ethics based on ideals and beliefs. As the coordinator of political participation, cadres have established an interactive relationship with the masses, which is different from the bureaucratic context based on instrumental rationality. As the organizer of the power network, cadres have been deeply embedded in society from organizational structure to ideology, and become the key to support the governance capacity of contemporary China. In general, cadres are endowed with three basic characteristics: positive political ideals and ethics, being able to keep close contact with the masses, and going deep into the social organization of the country. This is mainly due to the shaping of the long-term revolutionary practice led by the CPC, which makes the cadre system overcome in some aspects the drawbacks of traditional bureaucracy, such as "technologist administration", "conforming to rigid rules", and "impersonal technocracy", and showing unique latent capacity.

[**Key Words**] The Cadre System; Bureaucracy; Ideology; The Mass Line; The Communist Party of China

The Cosmopolitanism of "Wangdao"
—Inheritance and Critique of Western Cosmopolitanism
Wang Jinliang; Ye Wenjie

[**Abstract**] While mainstream western cosmopolitan thought has contributed to the construction of the previous world order. But as an individualistic cosmopolitan, which did not regard "human beings" as independent subjects, and ignored the role of the good governance within the state under the cosmopolitan vision. The Cosmopolitanism of "Wangdao" combining traditional Chinese "Politics of Wangdao" and cosmopolitanism, can bridge and unify the defects of the previous thought of cosmopolitanism. The Cosmopolitanism of "Wangdao" takes "Yi" (righteousness) as its core driving force and regards human beings as independent subjects. Embedding the theory of good governance in the "Politics of Wangdao" to construct a more modern concept. Taking "Neisheng Waishanzhi" (Inner moral cultivation/perfection, outer "good governance") and "Shanzhizhe Wuwai" (good governance, inclusive of others) as its structural chain, is to connect governance at different levels on the basis of recognizing and inclusive diversities between different countries and regions. Finally, it is necessary to regard both nations and the world as valuable purposes rather than tools, and to emerge a world of "common good" based on the good governance of the nation. With a view to providing normative guidance for future global order building.

[**Key Words**] The Cosmopolitanism of "Wangdao"; The Politics of "Wangdao"; Cosmopolitanism; Global Governance; National Governance

Liang Qichao's Theory of "New Imperialism" and Its Narrative of Chinese History

Li Jian

[**Abstract**] As a key figure in promoting the modern transformation of traditional Chinese political thought, Liang Qichao, while exposing and criticizing "imperialism", was keenly aware of the brand-new characteristics of modern "imperialism", and claimed the theory of "new imperialism" in order to enlighten the people of China and raise their spirits. Unlike traditional "imperialism", "new imperialism" is based on the will of the people, the power of the people, and the interests of the people. Therefore, compared with the traditional "imperialism" which relied on the ruler's temporary desire for conquest, the wave of expansion triggered by the "new imperialism" was much more violent and long-lasting. Consequently, in order to resist the encroachment of the "new imperialism", China must follow the three paths of "nationalism", "democracy" and "New People Ideology" to establish the connection between nationals and the state, and to construct a strong "national state" for coping with the general trend of "national competition". Liang Qichao intended to make his Chinese history narrative serve this political concern, and his "new historiography" went beyond the traditional historiography's narrative of the upper class ruling group and sank down to the level of the nationals, attempting to show the history of the evolution of the Chinese nation, democratic politics, and nationality, thus proving the rationality of "nationalism", "democracy" and "New People Ideology". It can be seen that "new imperialism" is the basic background of Liang Qichao's political theories, and has a profound influence on his narrative of Chinese history.

[**Key Words**] Liang Qichao; New Imperialism; National State; Narrative of Chinese History